Nina-Firouzeh Nowkam

Die rechtliche Situation der Frauen in der Islamischen Republik Iran seit dem Amtsantritt Khatamis

Die Morgengabe und die Scheidung von Seiten der Frau

Das Buch

Das Buch befasst sich mit der Machtstruktur des Irans, der Wahl des reformorientierten Präsidenten Mohammad Khatami und den in ihn gesetzten Erwartungen des iranischen Volkes. Als kurz nach dem Amtsantritt Khatamis zwei bedeutende Gesetzesänderungen zugunsten der Frauen vom Parlament verabschiedet wurden und erstmals seit der islamischen Revolution eine Frau ins Ministerkabinett aufgenommen wurde, keimte in der Bevölkerung die Hoffnung auf liberale Veränderungen im Land auf. Ob die zwei in diesem Buch behandelten und bedeutenden Gesetzesänderungen mit dem reformorientierten Präsidenten ursächlich zusammenhängen, soll hier geklärt werden.

Die Herausgeberin

Nina-Firouzeh Nowkam, 1969 im Iran/Teheran geboren, kam umgehend nach ihrer Geburt in die BRD/Hamburg. Sie studiert an der Universität Hamburg Iranistik und Hispanistik.

Nina-Firouzeh Nowkam

Die rechtliche Situation der Frauen in der Islamischen Republik Iran seit dem Amtsantritt Khatamis

Die Morgengabe und die Scheidung von Seiten der Frau

Dieses Buch widme ich meinem verstorbenen Bruder Farid Nowkam.

Satz und Layout: Buch & medi@ GmbH, München
Das Titelbild stellt das aktuelle Cover der monatlich erscheinenden Frauenrechtszeitschrift *hoġuġ-e zanān* von Frau Aŝraf Gerāmizadegān dar
Herstellung: Books on Demand GmbH, Norderstedt
Printed in Germany
ISBN 3-8330-0592-0

Inhalt

Drittes Kapitel
Die Morgengabe

Umschrift des persischen Alphabets

ا	a	ر	r	ف	f
ب	b	ز	z	ق	ġ
پ	p	ژ	ž	ک	k
ت	t	س	s	گ	g
ث	s	ش	š	ل	l
ج	ǧ	ص	s	م	m
چ	č	ض	z	ن	n
ح	h	ط	t	و	w
خ	x	ظ	z	ه	h
د	d	ع	‘	ی	i, j
ذ	z	غ	ġ		

Als Vorlage für die Umschrift des persischen Alphabets wurde das Persisch – Deutsch Wörterbuch von Heinrich J. Junker und Bozorg Alavi genutzt.[1]

[1] Junker F. J. u. Bozorg Alavi: Persisch – Deutsch Wörterbuch. 7. Aufl., Enzyklopädie Verlag, Leipzig 1992.

Abkürzungsverzeichnis

EuEG	Eheschließungs- und Ehescheidungsgesetz
FN	Fußnote
FSG	Familienschutzgesetz
GG	Grundgesetz
GzSG	Gericht über die zivilen Sondergerichte
NGO	Non-Governmental Organisation (Nicht-Regierungsorganisation)
u. a.	unter anderem
ZGB	Zivilgesetzbuch

Vorwort

Seit den Terroranschlägen am 11. September 2001 in den USA entstand erneut ein stärkeres Informationsbedürfnis der westlichen Welt über die arabische Welt, den Islam und den Nahen Osten.

Der Iran, der mit seiner islamischen Revolution, der Geiselnahme US- amerikanischer Botschaftsangestellten 1979 erstmals die Blicke der ganzen westlichen Welt auf sich gezogen hatte, geriet für einige Zeit in Vergessenheit. Besonders die deutschen Medien scheinen, im Vergleich zu beispielsweise BBC, CNN, französischer Medien etc., eine besondere Scheu vor der Verbreitung von Informationen aus dem Iran zu haben. Womit diese Scheu zu erklären ist, kann nur spekulativ mit den Jahrzehnte lang andauernden »guten Handelsbeziehungen« zwischen Deutschland und dem Iran beantwortet werden. Hier und dort kamen vereinzelt ausführlichere oder auch geringfügige Berichte über Gräueltaten, die im Namen der iranischen Führung begangen wurden auf die deutschen Bildschirme.

Erst seit 1997 machte der Iran für die westliche Welt positive Schlagzeilen wie beispielsweise die, indem die Bevölkerung »demokratisch« mit der Wahl eines reformorientierten Präsidenten, den Wunsch nach Freiheit, Demokratie und Toleranz etc., äußerte. Auch die Studentenrevolte im Jahr 1999, war die erste demonstrative Auflehnung der jugendlichen Intellektuellen seit der islamischen Revolution, gegen eine konservativ-islamische Staatsführung im Iran. Im Jahr 2001 wird der für seine liberal-reformorientierte politische Richtung stehende Staatspräsident Mohammad Khatami erneut vom Volk zum Präsidenten gewählt. Auch wenn Khatami, die in ihn gesetzten innenpolitischen Erwartungen nicht in dem Maße erfüllen konnte, wie es sich seine Wählerschaft erhoffte, so hatte er den Iran außenpolitische glanzvoll vertreten. Selbst der Erzfeind der islamischen Führung Irans, die USA, hat das Angebot Khatamis, eine kulturelle sowie gesellschaftliche Annäherung der beiden Staaten zu beginnen, positiv aufgenommen.

Seit dem 11. September, der Entmachtung der Taliban in Afghanistan und den mittlerweile begonnen dritten Golfkrieg zur

Entmachtung des irakischen Staatspräsidenten Saddam Hossein, fällt ein Nachbar Iraks besonders stark ins Visier der US-amerikanischen Kriegspolitik: Der Iran!

Im Januar 2003 gab ich, nach längerer Krankheitsdauer und dem anschließenden Tod meines Professors R. E. Emmerick, meine Magisterarbeit an der Universität Hamburg ab. Natürlich verschenkte ich auch unter Freunden und Bekannten ein paar Ausgaben der Arbeit, für deren Recherchen ich zwei längere Aufenthalte im Jahr 1999 benötigte. Kurze Zeit darauf bekam die Magisterarbeit genügend positive Kritiken, um den Versuch zu wagen, diese für eine breite Masse an Lesern zur Verfügung zu stellen. Für die Buchversion habe ich die Magisterarbeit ein wenig umgearbeitet. Ich wünsche Ihnen viel Vergnügen bei der Lektüre.

Nina-Firouzeh Nowkam

Einleitung

Mit der Wahl des reformorientierten Präsidenten (*ra'is ğomhur*) Mohammad Khatami[2] am 23. Mai 1997 äußerte das iranische Volk erstmals nach der islamischen Revolution *(engelāb-e eslāmi)* von 1979 demokratisch seinen Wunsch nach Reformen. Khatami verdankte seinen Wahlsieg insbesondere den unterprivilegierten Bevölkerungsgruppen, nämlich den Frauen und Jugendlichen.

In der Tat kam es bald nach dem Amtsantritt Khatamis zu zwei vom fünften Parlament[3] *(mağles-e panğom)* verabschiedeten und bedeutenden Gesetzesentwürfen zugunsten der Frauen: Zum einen wurde die gesetzliche Regelung der Morgengabe (*mahr* oder auch *mahrije* genannt) reformiert, zum anderen wurde die Stellung der Frau im Scheidungsrecht verbessert. Während der vom *mağles-e panğom* verabschiedete Gesetzesentwurf zur *mahr* im Folgejahr in Kraft trat, wurde der Gesetzesentwurf zur »Härte und Bedrängnis« *(osr o harağ)* im Scheidungsrecht trotz seiner Verabschiedung durch das *mağles-e panğom* für längere Zeit auf Eis gelegt.

Aufgrund der Verabschiedung der genannten Gesetzesentwürfe drängte sich der Verdacht auf, dass der neu gewählte *ra'is ğomhur* den in ihn von seiner Wählerschaft gesetzten Erwartungen entgegen kommen würde. Auch die Umgehende Benennung einer Frau zum Vizepräsidenten ließ die Reformabsichten Khatamis glaubwürdig erscheinen. Diese Magisterarbeit möchte sowohl Bedeutung und Tragweite der beiden Gesetzesentwürfe als auch den tatsächlichen Einfluss des Staatspräsidenten Mohammad Khatami darauf untersuchen.

Das erste Kapitel behandelt die islamische Revolution von 1979 und

2 Namen von iranischen Persönlichkeiten werden in der Magisterarbeit in der von der deutschen Presse üblichen Umschrift verwendet.

3 Entsprechend dem iranischen Sprachgebrauch werden die Legislaturperioden seit der islamischen Revolution durch Angabe der betreffenden Ordnungszahl für das Parlament bezeichnet.

die darauf folgende Verfassungsänderung am 15. November 1979[4], durch die die rechtliche Situation der Frauen vor den Gesetzesänderungen in ihren Grundlagen festgelegt wurde. Außerdem wird die Staatsorganisation der Islamischen Republik Iran (*ǧomhuri-e eslāmi-e irān*) dargestellt, um die politischen Kräfteverhältnisse und den Einfluss der verschiedenen Staatsorgane auf die Frauenpolitik zu erläutern. Außerdem soll der Verlauf der Entstehung von neuen Gesetzen und Gesetzesänderungen untersucht werden.

Das zweite Kapitel beginnt mit der Behandlung des Ursprungs der Scheidung von Seiten der Frau im Iran. Mit der Scheidung von Seiten der Frau ist die auf Veranlassung der Ehefrau erfolgte Ehescheidung gemeint. Danach wird die Regelung der Scheidung von Seiten der Frau im Eheschließungs- und Ehescheidungsgesetz (EuEG[5]) von 1931 dargestellt. Im Anschluss daran wird die Kodifizierung der Scheidung im Zivilgesetzbuch (ZGB) (*ġānun-e madani*) im Jahr 1935 und deren Veränderung während der letzten Jahre aufgrund politischer und sozialer Umwälzungen behandelt. Ferner wird speziell der Art. 1130 ZGB, welcher die Scheidung von Seiten der Frau behandelt, in seiner alten Fassung vorgestellt. Anschließend wird die Entwicklung des Gesetzesentwurfs zur Änderung dieser Norm von der Gesetzesinitiative bis hin zum Inkrafttreten dargestellt.

Im dritten Kapitel geht es um den Ursprung der *mahr* im Islam, ihre Verankerung im ZGB von 1931 und ihre Veränderungen im Verlauf der folgenden Jahre. Entsprechend dem Prüfungsgang im vorangegangenen Kapitel wird zunächst die alte Fassung des Art. 1082 ZGB, der die *mahr* regelt, erläutert, um danach in eine Schilderung der Gesetzesänderung überzugehen.

Im vierten Kapitel wird die Person Khatami und seine Wahl zum *ra'is ǧomhur* im Jahr 1997 beschrieben. Anschließend wird

[4] Bergmann u. Ferid (Hrsg.): Internationales Ehe- und Kindschaftsrecht. Verlag für Standesamtwesen GmbH, 97. Lieferung, Frankfurt a. M. 1989, S. 1, sowie Ajatollah Chomeini: Der islamische Staat. Übers. u. hrsg. v. Hassan, Nader u. Itscherenska, Ilse. Islamkundliche Materialien, Bd. 9, Klaus Schwarz Verlag, Berlin 1983, S. 10.

[5] Deutschsprachige Abkürzungen, die im Abkürzungsindex vermerkt wurden, werden anstelle der persischen Transkription durchgehend in der Arbeit verwendet.

seine zweite Wahl zum *ra'is ğomhur* im Jahr 2001 beschrieben und analysiert.

Im fünften Kapitel schließlich soll geklärt werden, ob die beiden behandelten jüngsten Gesetzesänderungen ursächlich mit der Wahl Khatamis zusammenhängen.

Soweit möglich, wurden bei der Untersuchung von Gesetzen und Gesetzesänderungen amtliche Texte verwertet. Da zur Änderung des Art. 1130 ZGB bei Abschluss der Recherchen am 1. November 2002 kein amtliches Material zur Verfügung stand, wurde hierfür auf indirekte Quellen in Form von Frauenzeitschriften zurückgegriffen. Der überwiegende Teil an Informationen stammt aus den monatlich erscheinenden iranischen Frauenzeitschriften ›Die Frauen‹ (*zanān*) von Frau Shahla Sherkat und ›Die Rechte der Frauen‹ (*hoġuġ-e zanān*) von Frau Ashraf Geramizadegan. Diese beiden Zeitschriften stellen eine wichtige Informationsquelle in Rechtsfragen für Frauen im Iran dar.

Erstes Kapitel

Die Staatsorganisation der Islamischen Republik Iran

I. Die islamische Revolution im Jahr 1979

Die Wurzeln der islamischen Revolution können in der Entdeckung des Erdöls im Iran im Jahr 1908[6] geortet werden. Seitdem war der Reichtum des Landes zwar ständig angewachsen, jedoch überwiegend einer kleinen Oberschicht der Bevölkerung des aristokratischen Landes vorbehalten geblieben. Durch die Verstaatlichung der Rohölförderung unter dem Ministerpräsidenten Mohammad Mossadegh (1951-1953) blieb zwar ein größerer Teil des Ölgewinns im Land, jedoch partizipierte weiterhin überwiegend die Oberschicht an diesem Reichtum, was die Wohlstandsschere noch weiter spreizte. Neben den zwangsläufig entstandenen sozialen Spannungen kam es zu ideologischen Auseinandersetzungen zwischen dem Staat und seiner Bevölkerung. Forderungen nach freier politischer Meinungsäußerung kamen auf. Die vom Staat begünstigte Amerikanisierung beziehungsweise Europäisierung der Lebensweise empfanden weite Teile der Bevölkerung, insbesondere auf dem Land, aber auch in den Universitäten und nicht zuletzt innerhalb der Geistlichkeit, als Bedrohung. Man forderte einen Vorrang der Religion, d.h. islamischer Werte, im täglichen Leben.

Auch wenn die Ursachen der islamischen Revolution vorwiegend in der sozialen Frage der Güterverteilung zu suchen sind, erfasste die entstandene Ablehnung des Schah-Regimes auch dessen Frauenpolitik, die auf eine Gleichberechtigung zwischen Mann und Frau gerichtet war. So war unter Mohammad Reza Schah Pahlawi das Familienschutzgesetz (FSG) (*ğānun-e hemājat-e xānewāde*) 1967, das die Scheidung von Seiten der Frau erleichterte, eingeführt und 1975 noch weiter zugunsten der Frauen geändert worden.

Einhergehend mit diesen Gesetzesänderungen empfanden die traditionell eingestellten Bevölkerungsschichten die gestiegene Freizügigkeit als Verletzung ihrer religiösen Empfindungen. Während der religiöse Mann höchstwahrscheinlich die Brust seiner Ehefrau trotz mehrerer gezeugter Kinder noch immer nicht im

[6] www.arash.de/gesch/text/Irangeschi7a.htm#Agha

Hellen betrachtet hatte, stachen ihm auf Kinoplakaten in den Großstädten die Brüste fremder Frauen unverhohlen ins Auge. Die damit aufkommende Scham und möglicherweise eigene lüsterne Gedanken brachten Ängste hervor, dass die eigenen Kinder oder Ehefrauen einmal so leben wollen könnten. So erstarkte der Wunsch nach mehr islamischer Tradition, der von der Regierung bis zu dieser Zeit bekämpft wurde.

Angetrieben vom Wunsch nach einer traditionelleren Ausrichtung von Staat und Gesellschaft formierten sich während des Jahres 1978 immer öfter Demonstrationszüge. Zunächst gingen sie von den Universitäten und der Geistlichkeit aus, dann aber erfassten sie immer breitere Bevölkerungsschichten. Nach mehreren gescheiterten Auflehnungsversuchen kam es schließlich zum Sturz und zur anschließenden Flucht des Monarchen Mohammad Reza Schah Pahlawi am 16. Januar 1979.[7]

Ein Großteil der iranischen Bevölkerung erhoffte sich von der islamischen Revolution eine gerechtere Aufteilung der materiellen Güter im Land, das Recht auf freie Meinungsäußerung sowie eine Wiederherstellung der gesellschaftlichen Stellung der Religion. In Ayatollah Ruhollah Mussawi Hendi Khomeini sah die Bevölkerungsmehrheit einen Garanten sowohl für eine Umverteilung der Güter als auch für die Meinungsfreiheit und die Anerkennung der Religion. Der Ruf nach dem bis dahin im französischen Exil lebenden Geistlichen wurde immer lauter. Noch zur Zeit des Mohammad Reza Schah Pahlawi hatte Khomeini über den britischen Radiosender BBC den Kontakt zur iranischen Bevölkerung aufgenommen und bei jeder seiner Reden zu gezielten Bestreikung bestimmter zentraler wechselnder Einrichtungen aufgerufen. Betroffen waren beispielsweise die Gaswerke, der Teheraner Bazar etc. Das Schah-Regime wurde besonders durch diese gezielten Aufrufe systematisch geschwächt. Nach der Flucht des Schahs herrschte im ganzen Land das Verlangen nach Khomeini als neuem Führer, der schließlich am 1. Februar 1979[8] auf dem Teheraner Flughafen Mehrabad landete.

7 Steinbach, Udo: Iran. In: Der Islam in der Gegenwart. Hrsg. v. Ende, Werner u. Steinbach, Udo. 4. Aufl., C.H. Beck Verlag, München 1996, S. 255.

8 Steinbach, Udo, 1996, S. 255.

Khomeini selbst hatte sich jedoch weder vor noch unmittelbar nach der islamischen Revolution als politischen Herrscher, sondern stets nur als geistlichen Führer seines Volkes gesehen und auch dargestellt. Gleich nach seiner Ankunft im Iran verdeutlichte Khomeini seine Haltung, indem er zunächst für einige Tage die heilige Stadt Ghom aufsuchte. Somit wurde der Bevölkerung eine Trennung von Politik und Religion suggeriert. Doch nur kurze Zeit später, nach der Verfassungsänderung im selben Jahr, wurde deutlich, dass die Politik des neuen Regimes hauptsächlich von religiösen Einflüssen geprägt werden sollte, wobei die Tendenz in der Frauenpolitik aufgrund der Entwicklungsgeschichte der islamischen Revolution bereits vorgezeichnet war.

II. DIE VERFASSUNGSÄNDERUNG VON 1979

Die Verfassung (GG)[9] (*ġānun-e asāsi*) des neuen iranischen Staates sollte ursprünglich von einer konstituierenden Versammlung aus mehreren hundert gewählten Volksvertretern verabschiedet werden. Nach seiner Ankunft in Teheran ließ Khomeini zunächst mehrere Verfassungsentwürfe ausarbeiten.[10] Einer davon zeichnete sich insbesondere dadurch aus, dass er keine Regierung des Staates durch Geistliche (*welājat-e faġih*) vorsah. Dieser Entwurf wurde im April 1979 in der besonders auflagenstarken Tageszeitung ›Die Welt‹ (*kejhān*) veröffentlicht.[11] Diese Publikation kann man durchaus als gezieltes Manöver werten, zumal das System der *welājat-e faġih* in der iranischen Öffentlichkeit auf wenig Gegenliebe gestoßen wäre.

Erwartungsgemäß traf dieser volksnähere Verfassungsentwurf auf wenig Widerstand. Im Lichte dieses Entwurfs gelang es Khomeini, nahezu stillschweigend die konstituierende Versammlung noch vor ihrem Zusammentreten abzusetzen und durch einen Expertenrat (*šourā-je xebregān*) von lediglich 72 Abgeordneten für die Verabschiedung der Verfassung zu ersetzen. Mit Hilfe von Wahlmanipulationen, vor allem aber durch geschickte Aufteilung der Wahlkreise, gelang es der Geistlichkeit, eine Mehrheit von 55 Sitzen im *šourā-je xebregān* zu erringen.[12] In geheimen Sitzungen verabschiedete der *šourā-je xebregān* eine völlig neue Verfassung,[13] die den ursprünglichen Plänen Khomeinis entsprach und insbesondere die *welājat-e faġih* vorsah.

9 Bei Erwähnung eines Artikels aus dem Grundgesetz, d.h. der Verfassung, wird das Grundgesetz fortlaufend mit GG abgekürzt.

10 SHIRAZI, ASGAR: Die Widersprüche in der Verfassung der Islamischen Republik: vor dem Hintergrund der politischen Auseinandersetzung im nachrevolutionären Iran. (Ethnizität und Gesellschaft, Occasional Papers, 32), Das Arabische Buch Verlag, Berlin 1992, S. 22.

11 SHIRAZI, ASGAR, 1992, S. 30.

12 SHIRAZI, ASGAR. 1992, S. 35 ff.

13 In der neuen Verfassung sicherte sich der *šourā-je xebregān* einen festen Platz. Der *šourā-je xebregān* ist somit ein in der Verfassung verankertes Staatsorgan, das die Verfassung erarbeitet und sich damit weitreichende

Als das Volk Anfang Dezember 1979 an die Urnen trat, um über die neue Verfassung abzustimmen, war die vom *šourā-je xebregān* verabschiedete Verfassung noch gar nicht veröffentlicht. Die breite Bevölkerung ging davon aus, dass sie über den im April veröffentlichten liberalen Entwurf abstimmte. Es fand sich somit eine Mehrheit von 99 Prozent für die neue Verfassung.

Die Rechtsstellung der Frau ist von zwei noch heute gültigen Artikeln der Verfassung von 1979 berührt. Der Art. 20 GG ordnet zwar zunächst eine gleichberechtigte Stellung von Mann und Frau in ihren bürgerlichen Rechten vor dem Gesetz an. Dies wird jedoch im selben Artikel sogleich wieder eingeschränkt, indem dies unter den Vorbehalt der Berücksichtigung der islamischen Prinzipien gestellt wurde.[14] Da der Koran (*ġor'ān*) in der Sure 4:34 den Mann über die Frau stellt,[15] kann im Grunde von einer wirklichen Gleichstellung der beiden Geschlechter, zumindest nach europäischen Maßstäben, nicht die Rede sein. Ebenso ergibt sich aus Art. 4 GG, indem er verlangt, dass alle Gesetze auf den islamischen Prinzipien zu basieren haben,[16] der

Kompetenzen eingeräumt hatte. Diese sind u. a. die Kompetenz der Benennung des Religionsführers. Seine Mitglieder sind hauptsächlich Geistliche und vor allem Männer.

14 The Constitution of the Islamic Republic of Iran 1979: -With all amendments up to 1989. Islamic Consultative Assembly, International Department, Teheran. »All members of the nation, both men and women, shall recieve equal protection of law and enjoy all human, political, economic, social and cultural rights, with due observance of the principle of Islam.« S. 15.

15 Im Verlauf der Arbeit wird durchgehend nach Paret, Rudi (Übers.): Der Koran. 7. Aufl., W. Kohlhammer Verlag, Stuttgart 1996, zitiert. Sure 4:34: »Die Männer stehen über den Frauen, weil Gott sie (von Natur vor diesen) ausgezeichnet hat.« Dieses eine Beispiel ist nicht die einzige Koranstelle, die auf das Verhältnis zwischen Mann und Frau eingeht. Es gibt auch Stellen, die auf eine andere Interpretation hindeuten. Jedoch wird gerade die Sure 4:34 häufig von muslimischen Männern als Argument dafür angegeben, dass der Mann vor der Frau eine höhere Stellung einnimmt.

16 The Constitution of the Islamic Republic of Iran. Art. 4 »All laws and regulations including civil, criminal, financial, economic, administrative, cultural, military, political ore otherwise, shall be based on Islamic principles. This article shall apply generally on all the Articles of the Constitution and other laws and regulations. It shall be decided by the jurisconsults of the Guardian Council wether ore not such laws and regulations conform to this article.« S.11.

Sache nach eine Benachteiligung der Frau. So war es nach Tellenbach[17]

> »eine Selbstverständlichkeit, daß die Islamische Republik Iran nach ihrer Konstitution Ende März 1979 die Wiedereinführung des islamischen Rechts, auch des iranischen Strafrechts, zu ihren Postulaten erhob (Art. 4, 156 Nr. 4, 5 der Verfassung von 1979). Zu einer Kodifizierung des islamischen Rechts kam es jedoch erst in den Jahren 1982/1983, wenn man von der knappen Formulierung des Gesetzes zur Gründung der Revolutionsgerichte vom 17. Juni 1979 absieht.«

Außerdem wurden mit der neuen Verfassung politische Organe eingeführt, welche die islamischen Grundwerte und sich selbst gegenseitig als politische Organe kontrollieren sollten.

Eine erste Änderung der Verfassung am 28. Juli 1989[18] diente hauptsächlich dazu, Ali Akbar Khamenei als Nachfolger des Revolutionsführers Ayatollah Khomeini einzusetzen.[19] Zugleich wurde der im Vorjahr eingeführte Feststellungsrat (*mağma'e tašxis-e maslahat-e nezām*) zur weiteren Stabilisierung des religiösen Staates in der Verfassung verankert. Eine zweite und letzte Änderung der Verfassung im Jahr 1992 diente zur Erweiterung der Machtbefugnis eines weiteren Kontrollorgans, des Wächterrats (*šourā-je negahbān*).

[17] TELLENBACH, SILVIA (Übers. u. Einl.): Strafgesetze der islamischen Republik Iran. In: Sammlung außerdeutscher Strafgesetzbücher 106. Hrsg. v. Max-Planck-Institut, Walter de Gruyter Verlag, Berlin 1996, S. 3.

[18] Gemäß THE CONSTITUTION OF THE ISLAMIC REPUBLIC OF IRAN auf S. 50, wird der 8. bis 11. Juli 1989 (*17.- 20. tir 1368*) als Datum der Verfassungsänderung wiedergegeben. Man kann also davon ausgehen, dass erst am 28. Juli 1989 die Verfassung seine Gültigkeit erlangte.

[19] SHIRAZI, ASGHAR, 1992, S. 95.

III. Die Staatsorganisation der Islamischen Republik Iran

Mit der Einführung der neuen Verfassung wurde in der Islamischen Republik Iran ein duales politisches System eingeführt. Auf der einen Seite herrscht seitdem eine, wenn auch stark abgeschwächte, Volkssouveränität vor, die durch die direkte Wahl des *ra'is ğomhur*, des Parlaments (*šourā-je mağles-e eslāmi*) und des *šourā-je xebregān* gekennzeichnet ist. Auf der anderen Seite herrscht eine Art religiöse Souveränität vor, die weitaus bedeutender ist und vor allem durch das System der *welājat-e fağih* geprägt wird. Dieses System äußert sich in erster Linie darin, dass wichtige politische Organe überwiegend von der Geistlichkeit besetzt werden. Dazu zählen neben dem *rahbar* der *šourā-je xebregān*[20], der *šourā-je negahbān*, dem ebenfalls eine hohe politische und religiöse Autorität eingeräumt wird[21], und der *mağma'e tašxis-e maslahat-e nezām*. Alle drei politischen Organe wurden eingeführt, um eigenmächtige und mit den islamischen Grundwerten unvereinbare Entscheidungen zu vermeiden. Hierzu findet sich im Anhang ein Schema des Machtaufbaus der Islamischen Republik Iran von Johannes Reissner.[22]

[20] Der Expertenrat wird vom Volk direkt gewählt und zählt insofern zur weltlichen Seite des Systems. Seine Kandidaten durchlaufen aber eine Vorauswahl durch den Religionsführer, weshalb der Expertenrat auf der anderen Seite für das religiöse System steht.

[21] Vgl. Reissner, Johannes: Iran unter Khatami: Grenzen der Reformbarkeit des politischen Systems. Stiftung Wissenschaft und Politik, Ebenhausen/Isar 1999. S. 12.

[22] Vgl. mit einer Grafik Reissner, Johannes, 1999. Aus S. 13 entnommen und hier im Anhang abgedruckt. Dabei hat sich seitdem die Anzahl der Mitglieder des Parlaments von 270 auf 290 erhöht.

IV. Für Gesetzesänderungen relevante Staatsorgane

Im Folgenden werden diejenigen Staatsorgane, die an einer Gesetzesänderung beteiligt sind, ihrer Bedeutung nach dargestellt:

1. Das Parlament

Am 4. März 1980 wurde erstmals nach der islamischen Revolution ein islamisch geprägtes *mağles-e šourā-je eslāmi* gewählt. Bis vor den Wahlen des sechsten Parlaments (*mağles-e šešom*), von Mitte 2000 bis Mitte 2004, betrug nach Art. 64 GG die Anzahl der Abgeordneten 270 Personen. Danach wurde das Parlament um 20 Sitze auf 290 Sitze erweitert. Diese Erweiterung wurde mit der ständigen Bevölkerungszunahme in den Städten und Provinzen begründet. Die Anzahl der weiblichen Parlamentsabgeordneten stieg mit der Erweiterung um 20 Personen jedoch nicht, sondern sank im Vergleich zum *mağles-e panğom* um vier Frauen.[23] Die Bewerber, die sich zur Wahl eines Parlamentsabgeordneten aufstellen, werden seit 1992 erst vom *šourā-je negahbān* auf ihre persönliche Vereinbarkeit mit den islamischen Kriterien überprüft und danach zur Wahl zugelassen oder abgelehnt.[24] Die

[23] Ebrāhimi, Zahrā: *ğost-o-ğu dar parwande-je zanān-e namājande-je mağles-e panğom* (Die Untersuchung der Akten der weiblichen Abgeordneten des fünften Parlaments). In: *zanān* (die Frauen). Hrsg. v. Šerkat, Šahlā. 8. Jg., Nr. 60, Teheran 21. Januar–19. Februar 2000 (*bahman 1378*), S. 5. Demnach waren im ersten Parlament und zweiten Parlament (das erste Parlament amtierte von Mitte 1980 bis Mitte 1984. Das zweite Parlament amtierte von Mitte 1984 bis Mitte 1988) vier von 270 Abgeordneten Frauen. Im dritten Parlament (von Mitte 1988 bis Mitte 1992) waren drei von 270 Abgeordneten Frauen. Im vierten Parlament (von Mitte 1992 bis Mitte 1996) waren schon neun von 270 Abgeordneten Frauen. Im fünften Parlament (von Mitte 1996 bis Mitte 2000) erlangten 14 Frauen von insgesamt 270 Abgeordneten einen Sitz.

[24] Die Kompetenz des Wächterrates wurde mit der zweiten Änderung der Verfassung im Jahr 1992 erweitert. Demnach hat der Wächterrat auch

zugelassenen Kandidaten werden schließlich gemäß Art. 62 GG in direkter und geheimer Wahl vom Volk gewählt. Abgesehen von der Vorauslese ist somit eine direkte Vertretung der Interessen des Volkes vorgesehen. Gemäß Art. 63 GG dauert eine Legislaturperiode vier Jahre. Bis zu den Wahlen des *mağles-e šešom* war das *mağles-e šourā-je eslāmi* überwiegend mit konservativen Abgeordneten besetzt. Die reformorientierten[25] Abgeordneten des *mağles-e šešom* dominieren jedoch mit zwei Dritteln der Sitze.

Die Aufgabe des *mağles-e šourā-je eslāmi* liegt gemäß Art. 71 und 72 GG u. a. darin, neue Gesetze oder Gesetzesänderungen, die im Einklang mit den islamischen Grundwerten stehen müssen, zu verabschieden.[26] Ein vom *mağles-e šourā-je eslāmi* verabschiedetes Gesetz wird jedoch nicht ohne weiteres wirksam. Das verabschiedete Gesetz muss gemäß Art. 94 GG umgehend vom *mağles-e šourā-je eslāmi* an den *šourā-je negahbān* geschickt werden, welcher daraufhin innerhalb von maximal zehn Tagen das verabschiedete Gesetz auf die Vereinbarkeit mit den islamischen Grundwerten zu überprüfen hat.[27]

2. Der Wächterrat

Der *šourā-je negahbān* setzt sich gemäß Art. 91 Abs. 1 GG, aus sechs Geistlichen (*ruhāni*, Pl. *ruhāniān*) zusammen, die direkt vom Religionsführer (*rahbar*) ausgewählt und eingesetzt werden

Bewerber auf politische Ämter zu genehmigen oder abzulehnen. Vgl. REISSNER, JOHANNES, 1999, S. 28.

25 Aufgrund der den Rahmen dieser Arbeit sprengenden Komplexität der politischen Vielfalt wird hier vereinfacht lediglich grob zwischen reformorientierten und konservativen politischen Kräften unterschieden.

26 The CONSTITUTION OF THE ISLAMIC REPUBLIC OF IRAN. Art. 71 »The Madjlis may, within the limits of the Constitution, enact laws on all matters.« S. 25.
Art. 72 »The Madjlis may not enact laws contrary to the principle and rules of the official Faith of the country or the Constitution.« S. 25.

27 The CONSTITUTION OF THE ISLAMIC REPUBLIC OF IRAN. Art. 94 »All legislation passed by the Madjlis shall be sent to the Guardian Council. Within a maximum period of ten days from the date of its receipt, the Guardian Council shall be required to examine the same to ensure that it conforms to the principles of Islam and the Constitution.« S. 29.

müssen. Weitere sechs Rechtsgelehrte (*faġih*, Pl. *foġahā'*) aus verschiedenen Kompetenzbereichen werden gemäß Art. 91. Abs. 2 GG vom *mağles-e šourā-je eslāmi* gewählt und eingesetzt. Die Mitglieder des *šourā-je negahbān* werden gemäß Art. 92 GG auf sechs Jahre gewählt. Alle drei Jahre wird eine der beiden Gruppen, d.h. einmal die *foġahā'* und einmal die *ruhāniān*, jeweils neu vom *rahbar* ernannt bzw. vom *mağles-e šourā-je eslāmi* gewählt. Mit einem kontinuierlichen Wechsel von politischen Entscheidungsträgern soll einer möglichen Verkrustung von Strukturen sowie »politischen Klüngeleien«, die sich mit der Zeit einschleichen könnten, vorgebeugt werden.

Die Aufgabe des *šourā-je negahbān* ist gemäß Art. 94 GG, vom *mağles-e šourā-je eslāmi* verabschiedete Gesetze auf die Vereinbarkeit mit den religiösen Prinzipien und auf die Konformität der Verfassung der Islamischen Republik Iran hin zu untersuchen. Falls der *šourā-je negahbān* der Ansicht ist, dass ein vom *mağles-e šourā-je eslāmi* verabschiedetes Gesetz nicht vereinbar mit den religiösen Prinzipien sei, so kann er gemäß Art. 94 GG das Gesetz ablehnen oder mit einem oder mehreren Veränderungsvorschlägen wieder an das *mağles-e šourā-je eslāmi* zurückverweisen.[28] Ist der *šourā-je negahbān* innerhalb von zehn Tagen nicht in der Lage, eine Entscheidung zu fällen, so hat er gemäß Art. 95 GG die Möglichkeit, das *mağles-e šourā-je eslāmi* um eine Verlängerung der Zeit um maximal zehn weitere Tage für eine Entscheidung zu bitten.[29] Im Falle einer nicht beizulegenden Uneinigkeit über die Gültigkeit eines Gesetzes kann der *mağma'e tašxis-e maslahat-e nezām* hinzugerufen werden.

1992 wurde die Macht des *šourā-je negahbān* um einen weiteren Bereich erweitert. Es hatte nach einer Gesetzeserweiterung nun auch die Aufgabe, Bewerber auf politische Ämter wie bei-

[28] The Constitution of the Islamic Republic of Iran. Art. 94 »If the Guardian Council finds any in the legislation, it shall return it to the Madjlis for review. Otherwise the said legislation shall be enforcible.« S. 29.

[29] The Constitution of the Islamic Republic of Iran. Art. 95 »Should the Guardian Council in certain cases feel that ten days time is not sufficient for examining and giving a final option, it may request the Madjlis to further extend the said time limit for a maximum period of another ten days giving reasons for such request.« S. 30.

spielsweise den Präsidentschaftswahlen, Expertenratswahlen, Parlaments- und Kommunalwahlen, als geeignete Kandidaten im Sinne des Islams zuzulassen oder als ungeeignet abzulehnen.[30] Mit dieser Form der Vorauslese durch den *šourā-je negahbān* erfuhr die iranische Demokratie, die ohnehin nur mit Abstrichen als eine solche bezeichnet werden kann, eine bedeutende Einschränkung.

3. Der Feststellungsrat

Der *maǧma'e tašxis-e maslahat-e nezām* zählt nach Johannes Reissner zu einem der höchsten Machtgremien, die die »dritte Kraft an der Staatsspitze«[31] bildet.

Zunächst allerdings führte der *maǧma'e tašxis-e maslahat-e nezām* ein Schattendasein, da ihm mangels ernsthafter Bedrohung des islamischen Systems keine nennenswerte Aktivität abverlangt wurde. Als jedoch Umfragen vor den Präsidentschaftswahlen im Mai 1997 konkrete Befürchtungen aufkommen ließen, dass ein reformorientierter Geistlicher an die Macht kommen und damit eine ernstzunehmende Gefahr für die bis dahin regierenden konservativen Geistlichen darstellen könnte, wurde die Mitgliederzahl des *maǧma'e tašxis-e maslahat-e nezām* erhöht und der *maǧma'e tašxis-e maslahat-e nezām* wieder aktiviert. Zugleich bot sich für Ali Akbar Rafsandjani, der sein Amt als Staatspräsident nach zwei Amtsperioden aufgeben musste, die Möglichkeit zu einer weiteren politischen Machtausübung. Am 17. März 1997 wurde Rafsandjani denn auch vom *rahbar* zum Vorsitzenden des *maǧma'e tašxis-e maslahat-e nezām* ernannt.[32] In dieser Stellung übt er noch heute für den Machterhalt der Konservativen eine wichtige Funktion aus.[33] Nach Reissner hat der *maǧma'e tašxis-e maslahat-e nezām* »die Aufgabe, die Interessen der Nation festzustellen, was nach Khomeini, der diese Institution Anfang 1988 geschaffen hatte,

30 REISSNER, JOHANNES, 1999, S. 28.

31 REISSNER, JOHANNES, 1999, S. 25.

32 RIECK, ANDREAS: Iran: Außenpolitische Entwicklung. In: Nahost Jahrbuch 1998. Hrsg. v. Deutschen Orient-Institut (Koszinowski, Thomas u. Mattes, Hanspeter), Leske + Budrich Verlag, Opladen 1999, S. 84.

33 RIECK, ANDREAS, 1999, S. 87.

sogar zur Aussetzung von Rechtsbestimmungen der Scharía führen kann.«[34] Die Schaffung des *maǧma'e tašxis-e maslahat-e nezām* wurde während der Amtsperiode des dritten Parlaments (*maǧles-e sewom*) von Khomeini zur Schlichtung von politischen Unstimmigkeiten vorgeschlagen, da das *maǧles-e sewom*, das von reformorientierten Abgeordneten dominiert wurde, in gravierende Unstimmigkeiten mit dem konservativ besetzten *šourā-je negahbān* geraten war. Dieses Vorhaben wurde denn auch bald umgesetzt und das neue Staatsorgan in die Verfassung aufgenommen.[35]

Die reformorientierten Abgeordneten des *maǧles-e sewom* sind jedoch nicht mit den aktuellen reformorientierten Abgeordneten des *maǧles-e šešom* zu verwechseln. Die als Reformer bezeichneten Mitglieder des *maǧles-e sewom*, allen voran der damalige *ra'is ǧomhur* Rafsandjani, traten für marktwirtschaftliche Reformen ein. Die aktuellen Reformer des *maǧles-e šešom* hingegen treten für eine liberale Interpretation des Islams ein und fordern weniger Kontrollen im privaten Leben durch politische Institutionen oder staatstreuen Personen. Einige der aktuellen Reformer streben gar die Trennung von Staat und Religion an. Sie äußern jedoch aus Furcht vor staatlichen Repressalien ihre Vorstellungen lediglich indirekt.

Der *maǧma'e tašxis-e maslahat-e nezām* wird beispielsweise dann tätig, wenn das *maǧles-e šourā-je eslāmi* ein Gesetz verabschiedet und der *šourā-je negahbān* dem nicht zustimmt und es somit zu einer Konfrontation zwischen den beiden politischen Organen kommt. Der *maǧma'e tašxis-e maslahat-e nezām* hat dann das letzte Wort in Entscheidungsfragen.[36]

Wird demnach ein vom *šourā-je negahbān* abgelehntes Gesetz vom *maǧma'e tašxis-e maslahat-e nezām* ebenfalls abgelehnt, so kann das *maǧles-e šourā-je eslāmi* erneut zum betreffenden Thema ein Gesetz verabschieden. Der *maǧma'e tašxis-e maslahat-e nezām* kann jedoch auch schlichtend wirken, indem er einen für die bei-

34 Reissner, Johannes, 1999, S. 25.

35 Ebrāhimi, Zahrā: *be dalil-e pardāxt na-kardan-e mahrije: 1000 mard dar zendān* (Aufgrund der Nichtzahlung der Morgengabe: 1000 Männer im Gefängnis). In: *zanān* (Die Frauen). Hrsg. v. Šerkat, Šahlā. 11. Jg., Nr. 87, Teheran 21. April–21. Mai 2002 (*ordibehešt 1381*), S. 20.

36 Steinbach, Udo, 1996, S. 257.

den zerstrittenen Organe akzeptablen Vorschlag unterbreitet. Hat der *maǧma'e tašxis-e maslahat-e nezām* ein vom *šourā-je negahbān* abgelehntes Gesetz angenommen, so wird es zur Unterzeichnung dem Ministerrat (*heijat-e wazirān*) vorgelegt.

4. Der Ministerrat

Der *heijat-e wazirān* besteht aus Ministern, die vom *ra'is ǧomhur* ernannt werden. Je nach dessen Ausrichtung kann man die politische Tendenz der ernannten Minister bewerten. Jedoch auch ein *ra'is ǧomhur* unterliegt bei der Auswahl seiner Minister bestimmten Beschränkungen. Die Zusammensetzung des *heijat-e wazirān* während des *maǧles-e panǧom* ist als tendenziell konservativ zu bewerten, während der *heijat-e wazirān* zur Zeit des *maǧles-e šešom* als eher reformorientiert angesehen werden kann. Im Gesetzgebungsverfahren obliegt dem *heijat-e wazirān* die Unterzeichnung der vom *maǧles-e šourā-je eslāmi* verabschiedeten und vom *šourā-je negahbān* als mit dem Islam vereinbar angenommenen Gesetze. Soweit bekannt, hat der *heijat-e wazirān* keinem zugelassenen Gesetz seine Unterzeichnung verweigert.

5. Der Staatspräsident

Der *ra'is ǧomhur* wird alle vier Jahre direkt vom Volk gewählt und darf gemäß Art. 114 GG maximal über zwei Amtsperioden hinweg sein Amt ausüben. Seit der zweiten Verfassungsänderung von 1992 findet unter den Kandidaten eine Vorauswahl durch den *šourā-je negahbān* statt. Nach seiner Wahl muss der *ra'is ǧomhur* abschließend vom *rahbar* bestätigt werden.

Dem *ra'is ǧomhur* stehen eingeschränkte Machtbefugnisse zu wie beispielsweise die Ernennung von Ministern, die aber vom Parlament bestätigt werden müssen. Der *ra'is ǧomhur* hat im Übrigen keinen direkten Einfluss auf Gesetzesänderungen.

Der *ra'is ǧomhur* untersteht einer ständigen Kontrolle durch den *šourā-je negahbān*, den *šourā-je xebregān* sowie durch den *rahbar*. Der *ra'is ǧomhur* kann zu jeder Zeit vom *rahbar* abgesetzt werden. Um den *ra'is ǧomhur* seines Amtes zu entheben, bedarf es gemäß

Art. 10 GG einer Entscheidung zum Schutz des nationalen Interesses. Das Oberste Gericht oder aber das *mağles-e šourā-je eslāmi* entscheidet in einer Vertrauensabstimmung, wobei die Absetzung des *ra'is ğomhur* eine Zweidrittelmehrheit des *mağles-e šourā-je eslāmi* erfordert.

6. Der Religionsführer

Nach der islamischen Revolution wählte und ernannte der *šourā-je xebregān* den aus dem französischen Exil zurückgekehrten Geistlichen Ayatollah Ruhollah Khomeini zum religiösen Führer des Landes. Khomeini wurde mit der Einführung der neuen Verfassung der *rahbar* und zugleich der *wali-e fağih*. In Khomeini sah eine Mehrheit der Iraner kurzzeitig den bis dahin verborgenen zwölften Imam (*mahdi*). Da Imame frei von Sünde sein sowie unfehlbares Wissen besitzen sollen,[37] galten die Worte Khomeinis als religiös unfehlbar und einzuhalten.

Nach dem Tod Khomeinis wurde Ali Akbar Khamenei zum *rahbar* und *wali-e fağih*. Seine religiöse Kompetenz wird jedoch von unterschiedlichen geistlichen Würdenträgern des Landes angezweifelt. Neben weit reichenden Befugnissen hat der *rahbar* das Recht, vom *mağles-e šourā-je eslāmi* verabschiedete und vom *šourā-je negahbān* zugelassene Gesetze ungültig oder bei Zweifeln über die Gültigkeit für gültig erklären. Diese Möglichkeit wurde jedoch in Bezug auf Gesetzesänderungen zugunsten der Frauen bisher nicht in Anspruch genommen.

[37] BROCKHAUS DIE ENZYKLOPÄDIE. In zwanzig Bänden. 20. Aufl., Bd. 19, Brockhaus Verlag, Leipzig – Mannheim 1996 S. 307. »Der zwölfte Imam befindet sich nach imamit. Lehre seit 874 in der Verborgenheit und wird am Ende der Zeit als → Mahdi wiederkehren. Bis dahin sind in Vertretung oberste Religionsgelehrte der schiit. Klerikerhierarchie, die als Mudjtahids (arab.) oder → Ayatollahs (pers.) anerkannt werden, zur Entscheidung in religiös-polit. Zweifelsfragen durch den → Idjtihad berechtigt.«

V. Zwischenfazit

Nach der islamischen Revolution und der damit einhergehenden Verfassungsänderung hat sich der Schwerpunkt der Gesetzgebung dahin verlagert, dass für das Zustandekommen eines Gesetzes die Konformität mit den islamischen Prinzipien vorrangig ist. Zu diesem Zweck wurden staatliche Kontrollorgane wie beispielsweise der *šourā-je negahbān*, der *šourā-je xebregān* und später der *mağma'e tašxis-e maslahat-e nezām* geschaffen.

Aufgrund einer stetig ansteigenden Unzufriedenheit der Bevölkerung mit ihren Machthabern und einer starken Inflation befürchteten die Machthaber des Landes mögliche Unruhen und erweiterten im Verlauf der Jahre die Kompetenzen einiger staatlicher Kontrollorgane, um den Erhalt der *welājat-e faġih* zu festigen.

Zweites Kapitel

Die Scheidung von Seiten der Frau

I. Die Grundlage der Scheidung im schiitisch-islamischen Recht

Zu Beginn des 20. Jahrhunderts bildete im Iran das islamische Recht, bestehend aus dem *ġor'ān*, den Hadithen (Pl. *ahādis*) und den Werken der islamischen Gelehrten, die religiöse und auch die rechtliche Grundlage für die Ehescheidung. Aus diesen gesamten Werken ging u. a. hervor, welche Rechte und Pflichten eine Frau gegenüber ihrem Ehemann hatte.

Es hatte in erster Linie der Ehemann das Recht zur Aufhebung der ehelichen Gemeinschaft. Da es unabhängig von der Einwilligung der Frau bestand, kann es als einseitiges Scheidungsrecht bezeichnet werden. Dieses Recht war insofern besonders weitgehend, als dass der Ehemann keinen Grund für die Scheidung angeben musste.[38] Für die Ehefrau war lediglich eine Scheidung im beiderseitigen Einverständnis möglich. Dazu bedurfte es der Zustimmung des Ehemannes, damit die Ehe – wie auch im *ġor'ān* gefordert – im beiderseitigen und friedlichen Einverständnis beendet werden konnte.[39] Da sich also die Frau nur mit dem Willen des Mannes scheiden lassen konnte, kann dieses Recht zur Scheidung als einvernehmliches angesehen werden.

In Bezug auf die Durchführung der Scheidung stellte der *ġor'ān* keine hohen Ansprüche. Für die einseitige Scheidung durch den Mann genügte es, wenn dieser in Gegenwart zweier Zeugen die Verstoßungsformel *talāġ, talāġ, talāġ*[40], für eine endgültige und un-

[38] Sure 2:236: » Es ist keine Sünde für euch, wenn ihr Frauen (nach der Eheschließung ohne weiteres) entläßt…«

[39] Sure 4:128: » Und wenn eine Frau (ihrerseits) fürchtet, daß ihr Mann (ihr) dauernd Schwierigkeiten macht oder (ihr) abgeneigt ist, ist es für die beiden keine Sünde, sich friedlich (auf einen finanziellen Ausgleich?) zu einigen. Es ist besser, sich friedlich zu einigen (als weiter im Unfrieden zu leben)…«

[40] Der Koran sowie auch später das Zivilgesetzbuch von 1935 sehen zwei Formen der Scheidung vor. Eine Scheidung, die durch die Verstoßungsformel *talāġ, talāġ, talāġ*, auch *se-talāġ* genannt, durch den Ehemann ausgesprochen wird, stellt gemäß Art. 1143 des Zivilgesetzbuches eine unwiderruf-

widerrufliche Scheidung aussprach. Darüber, ob die Anwesenheit der Ehefrau bei dieser Prozedur erforderlich war, schwieg sich der *ġor'ān* aus. Daher ist davon auszugehen, dass der Ehemann die Scheidung in Abwesenheit der Ehefrau aussprechen konnte. Zur einvernehmlichen Ehescheidung machte der *ġor'ān* keine Vorgaben. Dies erscheint insofern einleuchtend, als die Scheidung im Einvernehmen zwischen den Eheleuten geschah und es deshalb nicht unbedingt besonderer Verfahrensregeln bedurfte.

In der Praxis kam es durchaus häufig vor, dass der Ehemann seine Ehefrau in Abwesenheit grundlos und unvermittelt verstieß. Wenn die Ehefrau von einem Besuch ihrer Eltern oder anderen Familienmitgliedern heimkehrte, erfuhr sie von der Scheidung und ihrem damit einhergehenden Unglück. Ihr blieb nur noch der mit gesenktem Blick zu gehende Weg zurück zu ihren Eltern oder anderen Familienangehörigen.

Der Islam hat zwar die Scheidung als letzten Ausweg aus einer nicht funktionierenden ehelichen Beziehung zugelassen und somit auch als notwendig erachtet. Es sollte aber auf jeden Fall der Versuch gestartet werden, eine Ehe zu erhalten. Im *ġor'ān* wird daher

liche Scheidung dar. Im Fall einer Versöhnung der beiden Eheleute kann der Ehemann seine geschiedene Ehefrau nur dann wieder heiraten, wenn diese nach einer Wartezeit *edde* gemäß Art. 1148 des Zivilgesetzbuches von überwiegend 100 Tagen (diese Wartezeit ist ebenfalls unterschiedlich geregelt und dient zum Vaterschaftsnachweis) eine andere Ehe mit einem anderen Mann auch *mohallal* genannt, eingegangen ist, mit dem zweiten Ehemann den Geschlechtsverkehr vollzogen hat und von dem zweiten Mann geschieden wurde. Auch nach Beendigung der zweiten Ehe muss die Frau eine Wartezeit von zumeist 100 Tagen einhalten.

Bei einer widerruflichen Scheidung durch den Ehemann kann dieser seine Ehefrau durch einen einmaligen Verstoß mittels eines einmaligen Ausspruchs von *talāġ* widerruflich scheiden lassen. Versöhnen sich die Eheleute aber während der vorgeschriebenen Wartezeit und vollziehen den Geschlechtsverkehr, so gilt die Scheidung für annulliert. Wird die vorgeschriebene Wartezeit der geschiedenen Ehefrau überschritten, so ist die Scheidung rechtsgültig. Versöhnen sich die Ex-Eheleute nach Ablauf der vorgeschriebenen Wartezeit, so steht einer erneuten Eheschließung nichts im Weg. Nach einer dritten widerruflichen Scheidung tritt Art. 1144 des Zivilgesetzbuches in Kraft. Es gilt, dass die Ehefrau eine neue Ehe eingehen, den Geschlechtsakt vollziehen und geschieden werden muss, um ihren ersten Ehemann wieder heiraten zu können.

darauf verwiesen, vor einer möglichen Scheidung je einen Schiedsrichter (*dāwar*) aus den jeweiligen Familien zu rufen, um eventuelle Missverständnisse während des ehelichen Zusammenlebens zu schlichten und eine Fortführung der Ehe, die als höchstes Gut angesehen wird, zu erreichen.[41]

41 Sure 4:35: »Und wenn ihr fürchtet, daß es zwischen einem Ehepaar (w. zwischen den beiden) zu einem (ernsthaften) Zerwürfnis kommt, dann bestellt einen Schiedsrichter aus seiner und einen aus ihrer Familie (um zu vermitteln)! Wenn die beiden sich (dann) aussöhnen wollen, wird Gott ihnen zu ihrem (weiteren) Zusammenleben (in der Ehe) Gelingen geben.«

II. Das Scheidungsrecht unter Reza Schah Pahlawi von 1921-1941

Mit der schrittweisen Ablösung der Macht der Kadjaren-Dynastie, beginnend mit dem 22. Februar 1921 durch den Kriegsminister und späteren Premierminister Reza Khan sollte eine rechtspolitische Änderung einhergehen. Am 31. Oktober 1925 setzte Reza Khan schließlich den bisherigen Kadjaren-König Ahmad Schah ab. Nur kurze Zeit später ließ er sich am 12. Dezember 1925 vom Parlament zum Monarchen wählen. Am 24. April 1926 wurde er zum Schah Irans gekrönt. Er gründete damit die Pahlawi-Dynastie. Von seinem Vorbild Kemal Atatürk und dessen Säkularisierungsverständnis nach europäischen Modell inspiriert, wurde 1926 ein Strafgesetzbuch und 1928 der erste Teil des ZGB verabschiedet.[42] Der zweite Teil des ZGB sollte 1935 folgen und das Familienrecht kodifizieren. Zur Überbrückung wurde jedoch am 15. August 1931 (*23. mordād 1310*) das EuEG verabschiedet.

1. Die Kodifizierung der Scheidung im Eheschließungs- und Ehescheidungsgesetz von 1931

Noch bevor der zweite Teil des ZGB, das das Familienrecht und damit u. a. das Ehe- und Scheidungsrecht beinhaltete, wurde die Eheschließung sowie die Ehescheidung im EuEG von 1931 kodifiziert und später in der Fassung vom 8. Juni 1937 (*29. ordibehešt 1316*) veröffentlicht.[43] Gemäß Art. 20 EuEG trat das EuEG am 23. September 1931 (*1. mehr 1310*)[44] in Kraft.

Gemäß Art. 1 EuEG musste jede Eheschließung wie auch jede Ehescheidung oder der Widerruf einer Scheidung in einem vom Justizministerium eigens eingerichteten Notariatsbüro für Eheschließungs- und Ehescheidungsangelegenheiten (*daftar-e ezdewāğ wa talāğ*) vollzogen und eingetragen werden.[45] Bei Zuwiderhand-

[42] Der Brockhaus die Enzyklopädie, 1996, Bd. 10, S. 663.

[43] Bergmann u. Ferid, 1989, S. 6.

[44] Bergmann u. Ferid, 1989, S. 35.

[46] Bergmann u. Ferid, 1989, S. 34.

lung hatte der Ehemann sowie der Vollzieher der unrechtmäßigen Eheschließung, Ehescheidung oder des illegalen Widerrufs einer Scheidung mit einer Gefängnisstrafe von bis zu sechs Monaten zu rechnen. Über den rechtsgültigen Vollzug der Eheschließung, Ehescheidung oder Widerruf einer Scheidung wurde fortan gemäß Art. 2 EuEG eine öffentlich rechtsgültige Urkunde erstellt.[46]

Gemäß Art. 4 EuEG konnten die Eheleute, also auch die Ehefrau, in einem Ehevertrag[47] (*aġdnāme*) rechtsverbindliche Vereinbarungen für die Ehe treffen. Die Vereinbarungen konnten grundsätzlich beliebig sein, sie mußten jedoch mit den islamischen Prinzipien in Einklang stehen. So erwarb die Ehefrau das Recht, sich bestimmte Bedingungen der Ehe einräumen zu lassen, die bei Zuwiderhandlung des Ehemannes während des Ehelebens zu einem Scheidungsrecht für sie führten. In Art. 4 EuEG sind folgende Bedingungen als Beispiele erwähnt:[48]

1. »wenn der Ehemann während einer bestimmten Zeit abwesend ist
2. oder aufgehört hat, die täglichen Kosten zu zahlen,
3. oder wenn er eine Handlung gegen das Leben der Frau begangen
4. oder durch seine üble Führung ihr das eheliche Leben unerträglich gemacht hat.«

Der Ehemann hatte gemäß Art. 6 EuEG der zukünftigen Ehefrau vor der Eheschließung von eventuellen bereits bestehenden Ehen seinerseits in Kenntnis zu setzen. Seine Erklärung musste im *aġdnāme* vermerkt werden. So blieb die Ehefrau nicht mehr in Unkenntnis über weitere Ehen des Ehemannes. Bei nicht wahrheitsgemäßen Aussagen über weitere Ehen drohten dem Ehemann gemäß Art. 7 EuEG im Falle einer Klage durch seine Ehefrau eine Strafverfolgung durch das Gericht.[49]

Weiter konnte sich gemäß Art.1 EuEG der Ehemann nicht mehr in Unkenntnis der Ehefrau scheiden lassen, denn die Ehefrau erhielt nach dem Scheidungsantrag des Ehemannes umgehend über diesen Antrag einen schriftlichen Bescheid. Wenn sich

[47] Der Ehevertrag stellt zugleich auch eine Heiratsurkunde dar.
[48] Bergmann u. Ferid, 1989, S. 34.
[49] Bergmann u. Ferid, 1989, S. 35.

der Ehemann wegen der Scheidung an eine andere Stelle als an das dafür zuständige Notariatsbüro wandte, machte er sich strafbar.

Gemäß Art. 9 EuEG hatte der Ehemann seiner Ehefrau den Unterhalt (*nafaġe*) zu zahlen. Später sah auch der Art. 1107 ZGB in seiner Anmerkung folgende Regelung zur *nafaġe* vor: »Das Nafaqah umfaßt die Wohnung, die Bekleidung, die Nahrung und die Zimmereinrichtung, wie sie der gesellschaftlichen Stellung des Mannes entspricht.«[50] Es geht jedoch aus dem EuEG nicht eindeutig hervor, ob sich die Ehefrau bei einer Zahlungsverweigerung des Ehemannes scheiden lassen konnte.

Auch hatte die Frau gemäß Art. 12 EuEG bei »Furcht vor einer körperlichen Gefahr«[51] das Recht, die eheliche Wohnung zu verlassen. Das Gericht hatte bei ausreichender Beweislage gegen den Ehemann nicht das Recht, die Frau in den ehelichen Haushalt zurückzuschicken. Aber auch hieraus wird nicht deutlich, ob die Ehefrau sich scheiden lassen oder lediglich in weiterer Zukunft getrennt von ihrem Ehemann leben durfte.

Das EuEG stellte im Vergleich zum *ġor'ān*, obwohl es zu großen Teilen auf dessen Bestimmungen beruhte, eine positive rechtliche Veränderung zugunsten der Frau dar. Beispielsweise schränkte die oben erläuterte Regelung des Art. 6 EuEG teilweise eine unliebsame Überraschung der Ehefrau ein. Diese bestand darin, bei der Beerdigung ihres Ehemannes zu erfahren, dass dieser weitere Ehefrauen hatte und mit diesen Kinder gezeugt hatte. Spätestens bei der Beerdigung eines Mannes traten in der Praxis nämlich weitere Ehefrauen mit ihren Kindern auf, um den Erbanteil ihrer Kinder zu sichern. Dies hatte zufolge, dass der Erbanteil der Ehefrau und deren Kinder eingeschränkt wurde. Der Auftritt der geheim gehaltenen weiteren Ehefrauen wird absichtlich vor einer großen Anzahl von Menschen getätigt, um sich im Fall einer späteren Erbstreitigkeit genügend Zeugen zu sichern. Das schiitisch-islamische Recht sieht für den Mann neben vier dauerhaften Ehen auch das Recht auf eine uneingeschränkte Anzahl von Ehen auf Zeit (*siġe*) vor. Die *siġe* musste nach alter Rechtslage bei Eingang einer Dauerehe nicht angegeben werden. Dies ist möglicherweise so gehandhabt worden,

[50] Bei Bergmann u. Ferid, 1989, S. 35 ist fälschlicherweise ein Verweis auf den Art. 1106 des Zivilgesetzbuches vorgenommen worden.

[51] Bergmann u. Ferid, 1989, S. 35.

da die Ehefrau auf Zeit kein Recht auf ein Erbteil des Mannes hatte. Lediglich die Kinder aus solchen Verbindungen hatten das Recht auf einen Erbanteil. Indem Art. 6 EuEG auch eine Pflicht zur Nennung von Ehen auf Zeit vorsah, wurden die Frauen insoweit vor dem unerwarteten Auftauchen von Kindern aus diesen Ehen bewahrt.

2. Die Kodifizierung der Scheidung im Zivilgesetzbuch von 1935

Der erste Teil des ZGB wurde 1928 verabschiedet. Es behandelte jedoch nicht das Familienrecht. Das Familienrecht wurde in den zweiten Teil des ZGB 1935 aufgenommen. Das ZGB von 1928 und seine Erweiterung von 1935 basierten auf den Bestimmungen des *ġor'ān*. Das Familienrecht beruhte auf dem islamischen und insbesondere dem schiitischen Recht, da die Mehrheit der iranischen Bevölkerung schiitischen Glaubens ist.[52]

Für eine Eheschließung sah das ZGB einen rechtsverbindlichen *aġdnāme* vor. Der *aġdnāme* musste von beiden zukünftigen Eheleuten als Vertragspartnern unterzeichnet werden, um eine Gültigkeit zu erlangen.

Dem Ehemann wurde mit Art. 1133 ZGB zum ersten Mal in kodifizierter Form das einseitige und nicht zu begründende Scheidungsrecht zugestanden. Die Scheidung auf Betreiben des Ehemannes sah lediglich Verfahrensregeln vor. So verlangte Art. 1134 ZGB für das Scheidungsverfahren des Ehemannes zwei Zeugen.

Die Scheidung auf Betreiben der Frau hingegen war an Begründungen geknüpft. Zudem musste sich die Frau dafür an ein Gericht wenden. Der Gesetzgeber räumte der Frau folgende Gründe für eine Scheidung ein:

1. Die Ehefrau hat nach Art. 1029 ZGB ein Recht auf Scheidung, wenn ihr Ehemann aufgrund richterlicher Bestätigung als verschollen gilt.
2. Im Fall einer Verweigerung der Unterhaltszahlung durch den Ehemann hat die Ehefrau nach Art. 1129 ZGB ein Recht auf Scheidung.

[52] Bergmann u. Ferid, 1989, S. 6.

3. Die Frau hat nach Art. 1130 ZGB im Fall von Härte und Bedrängnis (*osr o harağ*) das Recht auf Scheidung.

Sah der Richter auch nur einen der erwähnten Gründe als gegeben an, konnte er den Ehemann auffordern, seine Frau zu verstoßen. War dies nicht möglich, etwa weil der Ehemann verschollen war, so konnte der Richter die Scheidung aussprechen.

Mit Art. 1029 ZGB wurde der Frau ein ganz neuer Grund zur Scheidung von Seiten der Frau ermöglicht. Dieser Grund war nicht im EuEG erwähnt.

Der Art. 1129 ZGB konkretisierte, dass eine Frau im Falle einer Unterhaltsverweigerung durch den Ehemann eine Scheidung erwirken konnte. Aus Art. 9 EuEG ging nämlich nicht eindeutig hervor, welche Möglichkeiten die Frau im Fall einer Unterhaltsverweigerung hatte.

Mit der Einführung des Art. 1130 ZGB wurde möglicherweise der Art. 9 EuEG umgesetzt. Aus Art. 9 EuEG ging ebenfalls nicht klar hervor, ob im Fall der »Furcht vor einer körperlichen Gefahr« die Ehefrau die Scheidung erwirken konnte. Erstmals wurden die Begriffe *osr o harağ* verwendet, auf die im Verlauf der Arbeit ein besonderes Augenmerk geworfen wird. Die Begriffe für *osr* und *harağ* sind bereits im *ġor'ān* erwähnt und nehmen im Scheidungsrecht von Seiten der Frau auch bis nach den Präsidentenwahlen von 1997 eine entscheidende Rolle ein. Der Begriff *osr*[53] steht für die Bedrängnis der Ehefrau durch den Ehemann. Der im Zusammenhang mit dem Begriff *osr* verbundene Begriff *harağ*[54] stellt die daraus resultierende Bedrückung oder auch Härte der Umgangsart des Ehemannes mit seiner Ehefrau dar. Das bedeutet jedoch, dass die Ehefrau erst dann, wenn der Ehemann durch sein Handeln das Eheleben mit seiner Ehefrau stark erschwert und sich trotzdem nicht scheiden lassen will, das Recht auf Scheidung erlangt. Nach einer Überprüfung der Rechtslage und dem Einverständnis durch

[53] Sure 65:6: »Laßt die (entlassenen) Frauen (w. sie) (während ihrer Wartezeit) da wohnen, wo ihr (selber) wohnet, so wie es euren (wirtschaftlichen) Verhältnissen entspricht! Schikaniert sie nicht in der Absicht, sie (im Wohnraum?) zu beengen (oder (allgemein): um sie in Bedrängnis zu bringen)!«

[54] Sure 22:78: »Und müht euch um Gottes willen ab, wie es sich gehört! Er hat euch erwählt. Und er hat euch in der Religion nichts auferlegt, was (euch) bedrückt.«

den Richter verpflichtet der Richter den Ehemann, sich von seiner Ehefrau scheiden zulassen. Weigert sich der Ehemann, so hat der Richter das Recht, die Scheidung in Vertretung des Ehemannes zu vollziehen. Deutlich wird hierbei, dass eine Verstoßung, d.h. Scheidung, ausschließlich von einem Mann durchgeführt wird, also gleich ob Ehemann oder Scheidungsrichter.

Gemäß Art. 1119 ZGB wurde der Ehefrau das Recht auf Einräumung von Bedingungen für eine Scheidung in einem *aġdnāme* zugestanden. Bei einer Nichterfüllung auch nur einer der Bedingungen durch den Ehemann stand der Ehefrau das Recht auf eine Scheidung zu. Die Bedingungen im *aġdnāme* konnten ebenso wie unter Art. 4 EuEG beliebig sein, solange sie mit dem Islam vereinbar waren.

Der Frau stand außerdem nach Art. 1146 und 1147 ZGB eine einvernehmliche Scheidung zu. Sie konnte demnach mit dem Einverständnis des Ehemannes eine Scheidung von diesem erlangen. So hatte die Ehefrau zwei weitere und unterschiedliche Möglichkeiten, sich mit einem Geldbetrag aus ihrer bestehenden Ehe freizukaufen. Wenn der Wunsch auf Beendigung des ehelichen Zusammenlebens von der Ehefrau ausging, so bezeichnete man diese Form der Scheidung als *talāġ-e xol'i.*

Im Fall eines beiderseitigen Wunsches auf Beendigung des ehelichen Zusammenlebens bezeichnete man diese Form der Scheidung als *talāġ-e mobārāt.* Die beiden Artikel enthalten im Einzelnen folgende Regelungen:

4. Gemäß Art. 1146 ZGB kann die Ehefrau, wenn sie die Ehe auflösen möchte, versuchen, ihren Ehemann zu einer Einwilligung in die Scheidung zu bewegen. Dabei kann sie einen Betrag in beliebiger Höhe anbieten. Die Höhe des Betrages kann folglich deutlich über der Höhe der vereinbarten *mahr* liegen, da die Scheidung einseitig von ihr angestrebt wurde.
5. Gemäß Art. 1147 ZGB kann die Ehefrau unter Verzicht auf einen Teil ihrer *mahr* d.h. in etwa der Höhe ihrer *mahr,* von ihrem Ehemann geschieden werden. Diese Scheidung nennt sich *talāġ-e mobārāt*, da die Scheidung von beiden Eheleuten angestrebt wird.

Die Polygamie blieb weiterhin das alleinige Recht des Mannes, wie es bereits auch aus Art. 6 EuEG hervorgeht. Das EuEG verlor nicht seine Gültigkeit, wurde aber durch das ZGB weitgehend ersetzt.

III. Das Scheidungsrecht unter Mohammad Reza Schah Pahlawi von 1941-1979

Nachdem der Sohn Reza Schah Pahlawis, Mohammad Reza Schah Pahlawi, den Thron seines Vaters übernahm, gab es in den ersten zwei Jahrzehnten keine wesentlichen Änderungen im Familienrecht. Erst am 3. Juli 1967 wurde das FSG eingeführt, das einen weiteren Schritt hin zu mehr Rechten der Frauen ermöglichte. Am 12. Februar 1975 wurde das FSG 1967 in reformierter Form verabschiedet und ersetzte es somit als FSG 1975.[55] Das FSG 1975 war für die Frauen von bahnbrechender Bedeutung, denn es eröffnete ihnen folgende bis dahin nicht für möglich gehaltene Rechte:

1. die Abschaffung des einseitigen grundlosen Scheidungsrechts des Ehemannes;
2. die nacheheliche Unterhaltszahlung an die Ehefrau;
3. die Sorgerechtsregelung zum Wohl des Kindes, die sich zugunsten der Mutter auswirkte.

1. Das Familienschutzgesetz von 1967

Mit der Einführung des FSG 1967 wurde die Anzahl der gesetzlich vorgesehenen Scheidungsgründe für Frauen erhöht. Art. 11 FSG 1967 katalogisierte die Gründe, unter denen der Frau das Recht auf Scheidung zustand. Folgende Gründe waren maßgeblich:[56]

1. Die Ehefrau hat das Recht auf Scheidung, wenn eine rechtskräftige Verurteilung des Ehemannes zu einer Freiheitsstrafe von über fünf Jahren vorliegt.
2. Nach Taten des Ehemannes, die für die Ehefrau zu einem Gesichtsverlust gegenüber ihrer Familie und der Gesellschaft führen, erlangt die Ehefrau das Recht auf Scheidung.

[55] Das Amtsblatt (*ruznāme-e rasmi*). Nr. 8785 vom 3. März 1975 *(12. esfand 1353)*.

[56] Vgl. Madani, A.: Family Cases. Majd Publications, Tehran 1998, S. 31 ff.

3. Im Fall einer Drogenabhängigkeit des Ehemannes hat die Ehefrau das Recht, sich scheiden zu lassen.
4. Mit der Heirat einer weiteren Frau durch den Ehemann ohne die vorherige offizielle Zustimmung der betroffenen Ehefrau, erlangt die ungefragte Ehefrau das Recht auf Scheidung.
5. Mit dem böswilligen Verlassen der Ehefrau durch den Ehemann erwirbt die Ehefrau das Recht auf Scheidung.

Der Ehemann behielt gemäß Art. 1133 ZGB weiterhin das einseitige Scheidungsrecht, das an keine Begründung gebunden war. Der Ehemann hatte sich lediglich weiterhin an ein rechtliches Verfahren zu halten. Die Koexistenz des FSG 1967 und des ZGB und deren jeweilige Anwendung, beispielsweise des Art. 1133 ZGB und des Art. 11 FSG 1967, der klar umschriebene Begründungen von beiden Eheleuten für eine Scheidung verlangen konnte, war umstritten.[57]

Mit Art. 8 und 19 FSG 1967 wurde außerdem ein Teil des Verfahrensrechts der Scheidung in geänderter Form geregelt. Jedoch blieb die Pflicht zur Eintragung der Ehescheidung in eigens dafür vorgesehene staatliche Einrichtungen für Scheidungen (*daftar-e rasmi-e talāġ*) weiterhin bestehen. Diese in den jeweiligen Wohnbezirken eingerichteten Behörden brauchten von nun an aber eine richterliche Bescheinigung über eine Unmöglichkeit der Versöhnung (*gawāhi-e adam-e emkān-e sāzeš*), um eine offizielle Eintragung der Ehescheidung vornehmen zu können. Somit wurde für den Mann die Scheidung von seiner Frau durch eine weitere Hürde erschwert.

2. Das Familienschutzgesetz von 1975

Mit der Erweiterung des FSG vom 12. Februar 1975 und seiner Veröffentlichung am 3. März 1975[58] im Amtsblatt (*ruznāme-e*

[57] Siehe dazu eine Veröffentlichung von YASSARI, NADJMA: Überblick über das iranische Scheidungsrecht. In: FamRZ 2002, Heft 16, S. 1088 ff.
[58] DAS AMTSBLATT (*ruznāme-e rasmi*). Nr. 8785.

rasmi) erlangte schließlich das FSG 1975 seine rechtliche Gültigkeit und ersetzte das FSG 1967. Die Ausarbeitung des FSG 1975 erfolgte in einer langjährigen und intensiven Ausarbeitung von Juristen, Geistlichen, Soziologen, Erziehungswissenschaftlern und dem Justizministerium. Zudem wurde das FSG 1975 von einem bekannten aber heute verstorbenen Geistlichen, Ayatollah Hakim, anerkannt und unterzeichnet.[59]

Der Art. 8 FSG 1975 brachte zugunsten der Frauen einschneidende Veränderungen in Bezug auf die Scheidung. Es wurde u. a. das einseitige Scheidungsrecht durch den Ehemann implizit abgeschafft.[60] Es musste von nun an auch der Ehemann, der einen Antrag auf Scheidung stellte, diesen begründen. Daraufhin blieb es dem Gericht überlassen, die Unmöglichkeit eines ehelichen Zusammenlebens (*adam-e emkān-e sāzeš*) festzustellen.

Möglichkeiten und Gründe für einen Scheidungsantrag der Ehefrau waren gemäß Art. 8 FSG 1975 die folgenden:[61]

Abs. 1 Die Ehefrau hat wie auch der Ehemann das Recht, sich mit Einverständnis des Ehepartners scheiden zu lassen.

Abs. 2 Die Ehefrau hat das Recht auf Scheidung, wenn der Ehemann seiner Unterhaltspflicht nicht nachkommt und das Gericht ihn nicht dazu zwingen kann. Dasselbe gilt, wenn der Ehemann weiteren Verpflichtungen seiner Frau gegenüber nicht nachkommen möchte und man ihn nicht dazu zwingen kann.

[59] ŠĀHROKNI, NĀZANIN: *dar bāre-je taswib-e tarh-e mahāsebe-je mahrije be nerx-e ruz kāršenāsān wa hoġuġdānān če migujand?* (Was sagen die Sachverständigen und Juristen über die Genehmigung des Berechnungsentwurfs der Morgengabe zum Tagespreis?). In: *zanān* (Die Frauen). Hrsg. v. Šerkat, Šahlā. 6. Jg., Nr. 33, Teheran 21. März–20. April 1997 (*farwardin 1376*), S. 63.

[59] ŠĀHROKNI, NĀZANIN: *dar bāre-je taswib-e tarh-e mahāsebe-je mahrije be nerx-e ruz kāršenāsān wa hoġuġdānān če migujand?* (Was sagen die Sachverständigen und Juristen über die Genehmigung des Berechnungsentwurfs der Morgengabe zum Tagespreis?). In: *zanān* , Nr. 33, S. 63.

[60] BERGMANN U. FERID, 1989, S. 12.

[61] BERGMANN U. FERID, 1989, S. 36a.

Abs. 4 Die Ehefrau hat bei üblem Benehmen seitens des Ehemannes das Recht auf Scheidung.[62]

Abs. 5 Die Ehefrau kann sich scheiden lassen, wenn der Ehemann eine schwer zu behandelnde Krankheit erleidet und somit für die Ehefrau das eheliche Zusammenleben eine Gefahr darstellt.

Abs. 6 Bei einer Geisteskrankheit des Ehemannes erhält die Ehefrau das Recht, sich scheiden zu lassen.

Abs. 7 Die Ehefrau hat ein Recht auf Scheidung, wenn der Ehemann trotz eines bestimmten Berufsverbots durch ein Gericht diese Tätigkeit fortsetzt und somit die Würde seiner Familie verletzt.

Abs. 8a Die Ehefrau hat das Recht auf Scheidung, wenn der Ehemann eine rechtskräftige Verurteilung von mindestens fünf Jahren erhält.

Abs. 8b Im Fall einer Geldstrafe, die der Ehemann nicht zahlen kann und somit mindestens eine fünfjährige Ersatzfreiheitsstrafe verbüßen muss, erlangt die Ehefrau das Recht auf Scheidung.

Abs. 8c Bei Vollstreckung einer kürzeren als fünfjährigen Gefängnisstrafe und einer zusätzlichen Geldstrafe, welche zusammengenommen eine mindestens fünfjährige Gefängnisstrafe ergibt, erlangt die Ehefrau das Recht auf Scheidung.

Abs. 9 Die Ehefrau kann sich scheiden lassen, wenn der Ehemann eine für die Fortsetzung der Ehe schädliche Gewohnheit hat. Diese schädliche Gewohnheit hat das Gericht festzustellen.

Abs. 10 Im Fall einer weiteren Heirat des Ehemannes ohne eine offizielle Genehmigung der früheren Ehefrau sowie bei nicht gleichberechtigter Behandlung gegenüber den weiteren Ehefrauen, entsteht der Frau ein Scheidungsrecht. Dabei liegt die Feststellung der nicht gleichberechtigten Behandlung im Ermessen des Gerichts.

Abs. 11 Die Ehefrau hat das Recht auf Scheidung, sofern das

[62] Mit üblem Benehmen kann u. a. das Schlagen der Ehefrau durch den Ehemann gemeint sein.

Gericht ein böswilliges Verlassen der Familie durch den Ehemann anerkennt.

Abs. 12 Unter Berücksichtigung des gesellschaftlichen Standes der Ehefrau hat das Gericht zu erwägen, ob eine rechtsgültige Verurteilung einer Straftat durch den Ehemann die Würde ihrer Familie verletzt. Im Fall einer Feststellung der Verletzung der Würde der Ehefrau durch rechtswidrige Taten des Ehemannes hat die Ehefrau das Recht auf Scheidung.

Abs. 13 Nach amtsärztlicher Feststellung der Zeugungsunfähigkeit des Ehemannes erlangt die Ehefrau das Recht auf Scheidung.

Abs. 14 Wenn das zuständige Gericht gemäß Art. 1029 ZGB feststellt, dass der Ehemann als verschollen gilt, erwirbt die Ehefrau das Recht, sich scheiden zu lassen.

Gemäß Art. 21 FSG 1975 musste die *gawāhi-e adam-e emkān-e sāzeš* innerhalb von drei Monaten beim Notariat eingehen. Bei Nichteinhaltung der Frist von drei Monaten verlor die vom Gericht ausgestellte *gawāhi-e adam-e emkān-e sāzeš* ihre Gültigkeit.

IV. Das Scheidungsrecht nach der islamischen Revolution von 1979

Nach der islamischen Revolution und der darauf folgenden Änderung der Verfassung erfuhr das Familienrecht abermals einschneidende Veränderungen.[63]

Das FSG 1975 behielt weiterhin seine Gültigkeit, wurde aber durch den Art. 4 GG und Art. 19 des Gesetzes über die zivilen Sondergerichte (GzSG), welches im nächsten Abschnitt behandelt wird, erheblich eingeschränkt. Demnach hatten alle Gesetze gemäß Art. 4 GG auf islamischen Prinzipien zu beruhen, d.h. mit dem islamischen Recht vereinbar zu sein. Art. 19 GzSG besagte: »Das Gesetz über die religiösen Gerichte vom Monat Azar 1310 und andere Gesetze und Verordnungen, die diesem Gesetz zuwiderlaufen, werden aufgehoben.«[64] Also behielten die Bestimmungen des FSG 1975, insofern sie nicht im Widerspruch zu den religiösen Normen standen, weiterhin ihre Gültigkeit. Der Art. 8 FSG 1975 fand in Teilen keine Anwendung mehr, da u. a. die Abschaffung des einseitigen Scheidungsrechts durch den Ehemann vollzogen wurde.

1. Das Gesetz über die zivilen Sondergerichte von 1979

Mit der Einführung des GzSG im Jahr 1979[65] änderte sich die Zuständigkeit der Gerichte in Scheidungsangelegenheiten. Gemäß Art. 3 Abs. 1 GzSG waren von nun an die zivilen Sondergerichte für Ehescheidungen zuständig. Mit der Einführung des GzSG blieben die Ehescheidungen weiterhin an die bisherigen gerichtlichen Verfahren gebunden.

Nach Eingang eines Scheidungsantrages von Seiten des Mannes hatte das zivile Sondergericht in Anlehnung an den *ġor'ān* (4:35)[66]

[63] Bergmann u. Ferid, 1989, S. 6.
[64] Bergmann u. Ferid, 1989, S. 36e.
[65] Bergmann u. Ferid, 1989, S. 36d.
[66] Siehe bereits erwähnte Fußnote im zweiten Kapitel; Abschnitt I.

je einen *dāwar* aus den jeweiligen Familien zu ernennen. Diese hatten dann die Aufgabe, zwischen den Eheleuten zu schlichten und damit eine mögliche Scheidung abzuwenden. Innerhalb einer vom Richter festgesetzten Frist hatten die *dāwar* zu berichten, ob eine Fortführung der Ehe möglich oder unmöglich sei.

Am 19. November 1992 (*28. ābān 1371*) trat das Scheidungsgesetz von 1992[67] in Kraft, das auch bei einem Scheidungsantrag von Seiten der Frau die Einschaltung von *dāwar* vorsah. Ebenso konnte eine beratende juristische Beisitzerin (*mošāwer-e zan*)[68] für das Scheidungsverfahren hinzuzogen werden. Dem zivilen Sondergericht saßen noch ungefähr bis 1993 lediglich männliche Familienrichter vor.[69] Weiter wurde eine finanzielle Abfindung für Leistungen der Ehefrau während des Ehelebens (*oğrat ol mesl*) eingeführt, die die Frau weder aus religiöser noch aus rechtlicher Hinsicht zu erbringen hatte. Diese Leistungen wären beispielsweise das Stillen der Kinder oder die Erziehung der Kinder ab der gesetzlichen Altersgrenze der Vollendung von zwei Jahren für Söhne und sieben Jahren für Töchter. Bis zu einer Erweiterung der Regelung der *oğrat ol mesl* im Sommer 2002 hatte die Ehefrau lediglich das Recht, ihre *oğrat ol mesl* nach einer Scheidung beim Ehemann einfordern. Nach der

[67] *ġānun-e ezlāh-e moġarrat marbut be talāġ.* Dieses Gesetz trat am 19. November 1992 (*28. ābān 1371*) in Kraft und wurde am 10. Dezember 1992 (*19. āzar 1371*) im AMTSBLATT (*ruznāme-e rasmi*), Nr. 13914 veröffentlicht. Das sechste Parlament hat im Sommer 2002 zur finanziellen Abfindung der Frau für nicht notwendige Tätigkeiten während des Ehelebens eine Gesetzeserweiterung vorgenommen, wonach die finanzielle Einforderung auch nach dem Tod des Ehemannes möglich ist. Diese Forderung muss wie die Einforderung der Morgengabe vorrangig aus dem Vermögen des Ehemannes, der Witwe ausgezahlt werden.

[68] Richterinnen wie beispielsweise Mehrangiz Kar wurden gleich nach der islamischen Revolution ihrer Posten als Richterinnen enthoben. Begründet wurde dies damit, dass Frauen solche Funktionen dem Koran nach nicht ausüben dürften. Eine weitere Meinung dazu ist, dass Frauen zu gefühlvoll handeln würden und somit subjektive statt objektive Urteile fällen würden. Solche Meinungen sind selbst unter den Geistlichen des Landes stark umstritten.

[69] Siehe dazu den Art. 1 der Durchführungsverordnung vom 21. Februar 1993 (*2. esfand 1371*). In: DAS AMTSBLATT (*ruznāme-e rasmi*). Nr. 2306 vom 28. Februar 1993 (*9. esfand 1371*).

Gesetzeserweiterung konnte die Frau ihre *oğrat ol mesl* auch nach dem Tod des Ehemannes einfordern.

2. Die Bedingungen des Ehevertrages kurz vor der Wahl Khatamis bis in die Gegenwart

Jede Eheschließung beruht auf einem *aġdnāme*, in dem die zukünftigen Ehepartner ihre Rechte und Pflichten in der Ehe im Vorwege niederlegen können. Dazu wurde eigens am 19. September 1983 (*28. šahriwar 1362*) ein amtlicher Mustervertrag eingeführt.

Der *aġdnāme*[70] besteht aus einem mehrseitigen Heft. Der Mustervertrag hat zum Schutz der Frau zwölf Vereinbarungen vorgesehen, die der Frau das Recht einräumen, bei Nichterfüllung der Bedingungen durch den Ehemann die Scheidung zu beantragen. Diese Vereinbarungen müssen zu ihrer Gültigkeit von beiden zukünftigen Eheleuten einzeln unterzeichnet werden.[71]

Neben den zwölf Vereinbarungen haben beide Eheleute zudem in einem gesonderten Abschnitt des Ehevertrages das Recht, weitere Vereinbarungen für ihr gemeinsames Eheleben zu schließen. Diese Rubrik dient dazu, möglichen Unstimmigkeiten im Eheleben vorzubeugen und dadurch Gerichte zu entlasten. Diese gesonderten Vereinbarungen werden zumeist in vorheriger Absprache mit einem Geistlichen (*mollā*) abgesprochen,[72] da Vereinbarungen zwischen den Eheleuten nicht gegen die islamischen Prinzipien verstoßen dürfen. Folgende Sondervereinbarungen sind möglich.

1. Trotz steigender Auswanderungszahlen aus dem Iran kommt es häufig vor, dass der Ehemann Zukunftspläne für Europa oder andere Länder entwickelt, und die Ehefrau nicht genötigt werden möchte, mit ins Ausland zu reisen. Um einer solchen Möglichkeit im Voraus vorzubeugen, kann sich die Ehefrau eine Wohnortsbestimmung einräumen lassen.

[70] Siehe auch den Mustervertrag in Bergmann u. Ferid, 1989, S. 36e. Es liegt dazu ein vom Höchsten Justizrat genehmigter Ehevertrag vor.

[71] Siehe dazu einen Auszug aus einem Ehevertrag zur Verdeutlichung im Anhang.

[72] Diese auf die Praxis bezogene Information erfuhr ich von einer iranischen Journalistin, deren Name unerwähnt bleiben soll.

2. Für ein Studium oder einer Fortsetzung des Studiums nach der Eheschließung kann sich die Ehefrau die Finanzierung durch ihren Ehemann bestätigen lassen.
3. Auch kann sich die Ehefrau die Erlaubnis des Ehemannes für eine Erwerbstätigkeit nach der Eheschließung einräumen lassen.
4. Die Ehefrau kann sich auch eine Art grundloses Scheidungsrecht einräumen lassen.
5. Da eine Frau im Iran das Land lediglich mit Erlaubnis ihres Ehemannes verlassen darf, kann die Frau mit ihrem Ehemann eine eingeschränkte oder auch dauerhafte Reiseerlaubnis vereinbaren.
6. Häufig kommt es vor, dass Frauen eine oder mehrere Pilgerfahrten nach Mekka oder Syrien einfordern.

Die zwölf regulären Vereinbarungen, die bei Nichteinhaltung durch den Ehemann der Ehefrau das Recht auf Scheidung einräumen, sind die folgenden:[73]

1. Die Unterhaltsverweigerung seitens des Ehemannes gegenüber seiner Frau über sechs oder mehr Monate hinweg stellt einen Scheidungsgrund dar. Hinzukommen muss die Unmöglichkeit, ihn zur Unterhaltszahlung zu zwingen. Außerdem kommen weitere Verweigerungen von Handlungen, zu denen der Mann verpflichtet ist, in Betracht, wenn sie sechs Monate oder länger andauern.

Die Unmöglichkeit einer Zwangsmaßnahme gegen den Ehemann im Falle einer Zahlungsunfähigkeit liegt u. a. dann vor, wenn das Gericht keine Handhabe hat, an das Vermögen des Ehemannes

[73] Der Mann ist nicht zur Unterzeichnung der zwölf Vereinbarungen verpflichtet, es besteht jedoch ein gesellschaftlicher Druck, der im Laufe der Zeit zur Gewohnheit *orf* wurde. Siehe dazu einen ausführlichen Bericht von MEHRI, HOMĀ: *bar dāneš-e hoġuġi-je xod be-afzā'id – šart-e zemn-e aġd-e ezdewāǧ mofid ammā nākāfi* – (Steigern Sie Ihr Wissen über Ihre Rechte – Die Vereinbarungen des Ehevertrages sind gut aber ungenügend -) In: *hoġuġ-e zanān* (Die Rechte der Frauen). Hrsg. v. Gerāmizādegān, Ašraf. 3. Jg., Nr. 15, Teheran 20. April–20. Juni 2000 (*ordibehešt/xordād 1379*). Beginnend mit S. 5 und einer Fortsetzung ab Punkt 7, auf S. 56.

zu gelangen. Zu den Unterhaltspflichten zählen die Lebenskosten der Ehefrau, zu denen ihre Bleibe, ihre Kleidung, ihr Essen und Haushaltsgegenstände etc. gehören. Zu den weiteren Pflichten des Ehemannes zählen u. a. der regelmäßige Geschlechtsakt, wobei ungeklärt bleibt, wie häufig der Ehemann mit seiner Frau den Geschlechtsakt zu vollziehen hat.

2. Weitere Gründe sind ein übler Umgang und übles Benehmen von Seiten des Mannes gegenüber seiner Frau, welche ihr das weitere Zusammenleben unmöglich machen.

Unter die Begriffe des üblen Umgangs sowie des üblen Benehmens, fallen sowohl psychische als auch physische Gewaltausübung durch den Ehemann. Hinzu kommt die Verweigerung jeglicher Unterstützung des Mannes in Fragen der gemeinsamen Erziehung gemeinsamer Kinder.

3. Ansteckende und/oder unheilbare Krankheiten des Ehemannes, die die Gesundheit der Frau gefährden, stellen weitere Gründe dar.

Mit den unheilbaren und zugleich ansteckenden Krankheiten ist eigentlich nur eine HIV-Infektion gemeint. Zu den ansteckenden, jedoch unter Umständen heilbaren Krankheiten zählen u. a. die Pest und die Cholera. Mit unheilbaren Krankheiten, die jedoch nicht ansteckend sind, aber gleichwohl die Gesundheit der Frau bedrohen, sind im wesentlichen der Schwachsinn des Ehemannes und auch Drogenabhängigkeit gemeint.

4. Der Schwachsinn des Mannes, welche eine Annullierung der Ehe unmöglich macht, stellt einen Scheidungsgrund für die Frau dar.

Eigentlich hat die Frau bei Schwachsinn des Mannes das Recht, die Ehe zu annullieren. Wenn jedoch bestimmte Umstände eine Annullierung durch die Frau unmöglich machen, so gilt vorrangig die Vereinbarung im *aġdnāme*.

5. Die Ausübung von Berufen, die vom Gesetz her verboten sind und sich negativ auf die Familie und die Frau auswirken, kann ebenfalls zur Scheidung führen.

Zu solch verbotenen Berufen zählen u. a. die Zuhälterei, das

Schmuggeln, die Herstellung und der Verkauf von Drogen und Alkohol.

6. Die Verurteilung des Ehemannes zu einer Gefängnisstrafe von mindestens fünf Jahren ist ebenfalls als Scheidungsgrund im Mustervertrag aufgeführt, ebenso wie die Verurteilung des Ehemannes zu einer Geldstrafe, die nicht von ihm gezahlt werden kann und somit in eine Gefängnisstrafe umgewandelt wird, welche mindestens fünf Jahre beträgt, und auch eine Verurteilung des Ehemannes zu einer Gefängnisstrafe unter fünf Jahren, welche mit einer Geldstrafe kombiniert ist, jedoch nicht von ihm gezahlt werden kann und somit die Gefängnisstrafe auf über fünf Jahren erhöht.

7. Die Anfälligkeit des Mannes für jegliche schädliche Gewohnheiten, die dem familiären Zusammenleben schaden und die Fortführung der Ehe für die Frau erschweren. Die Beurteilung der erschwerten Umstände obliegt dem Gericht.[74]

Unter Anfälligkeit für jegliche schädliche Gewohnheiten sind u. a. der regelmäßige Konsum von Opium (*tarjāk*), Alkohol und weiteren verbotenen und berauschenden sowie abhängig machenden Drogen gemeint.

8. Ein weiterer Scheidungsgrund ist die grundlose Aufgabe des ehelichen Zusammenlebens durch den Ehemann. Die Beurteilung dieses Sachverhalts obliegt dem Gericht.

9. Eine rechtskräftige Verurteilung des Ehemannes aufgrund eines sündigen Verbrechens und jegliche Verübung einer Straftat, gleichgültig ob diese einen (*hadd*)[75] oder (*ta'zir*)[76]

[74] MEHRI, HOMĀ: *bar dāneš-e hoġuġi-je xod be-afzā'id – šart-e zemn-e aġd-e ezdewāǧ mofid ammā nākāfi* – (Steigern Sie Ihr Wissen über Ihre Rechte – Die Vereinbarungen des Ehevertrages sind gut aber ungenügend -) In: *hoġuġ-e zanān*. Nr. 15, S. 56.

[75] Siehe dazu, TELLENBACH, SILVIA, 1996, S. 7. »*Hadd*-Delikte (Plural: *hudud*) sind Straftaten, für deren Begehung der Koran im Prinzip absolute Strafen festlegt. Sie sind also nach muslimischer Auffassung von Gott selbst bestimmt und infolgedessen ewig und unveränderlich…(S. 5). Bei den *hadd*-…Strafen gibt es von altersher einen numerus clausus der Stra-

Tatstrafbestand darstellt, kann ebenfalls zur Scheidung führen. Dies gilt auch, wenn die Verurteilung die Würde der Familie und der Ehefrau verletzt. Es obliegt der Entscheidung des Gerichts, ob die Familienehre und die Würde der Ehefrau verletzt und/oder gegen die Gewohnheit (*orf*) sowie islamische Prinzipien verstoßen wurde.

10. Wenn die Ehefrau nach fünf Jahren aufgrund von Impotenz oder anderen Krankheiten ihres Ehemannes kinderlos bleibt.

Mit der Impotenz des Mannes ist die »impotentia coeundi« gemeint. Das bedeutet, der Mann hat ein Erektionsproblem, das durch Krankheiten wie beispielsweise der Diabetes, wie auch durch den Konsum von Alkohol und/oder Opium und ähnlichem ausgelöst werden kann.

11. Überdies ist eine Scheidung im Fall der Unauffindbarkeit des Ehemannes möglich, d.h. wenn er spurlos verschwindet und binnen sechs Monaten nach Konsultierung des Gerichts durch die Ehefrau nicht auffindbar ist. Erst wenn der Ehemann trotz Anfragen bei Freunden, Verwandten etc. nicht aufzufinden ist, kann sich die Ehefrau an das Gericht wenden und ihren Mann für unauffindbar erklären lassen.

12. Weitere Gründe sind die nochmalige Eheschließung des Ehemannes ohne Zustimmung der ersten Ehefrau und eine Pflichtverletzung des Ehemannes unter seinen Ehefrauen.

Unter einer Pflichtverletzung in diesem Sinn ist die unterschiedliche Behandlung der Ehefrauen durch den Ehemann zu verstehen. Beispielsweise muss der Ehemann mit allen seinen Frauen gleich viel Geschlechtsverkehr ausüben. Weiter hat er seinen Frauen gleich viel Schmuck zu kaufen und seinen Frauen gleich viel Unterhalt zu zahlen. Auch muss der Ehemann seinen Frauen gleich viel Zeit widmen.

fen. Bei den *hadd*-Strafen sind diese Steinigung, Kreuzigung, Abschneiden von Hand oder Fuß und Auspeitschung.«

76 Siehe dazu TELLENBACH, SILVIA, 1996, S. 12. »*Ta'zir*-Delikte (Plural: *ta'zīrāt*) sind alle sonstigen Taten, die in einer Gesellschaft… z.B. Betrug, Urkundenfälschung etc.«

Iranische Frauen fürchten die negativen Auswirkungen der möglichen Polygamie des Ehemannes sehr. Neben den psychischen Belastungen, mit einer weiteren Frau in Konkurrenz zu stehen, kommen auch materielle Einbußen hinzu. Materielle Einbußen können sich im alltäglichen Leben, beispielsweise in der Kürzung des Haushaltsgeldes, äußern. Auch der Pflichterbanteil der Frau sowie ihrer Kinder im Fall einer weiteren Ehe des Ehemannes fällt niedriger aus. Um den finanziellen und seelischen Nachteilen der Ehefrau im Vorweg vorzubeugen, wird häufig die Polygamie als Scheidungsgrund im *aġdnāme* vereinbart.

Auch die Vereinbarung des Rechts auf Scheidung von Seiten der Frau, im Falle einer Nichtauszahlung der *mahr* kann im *aġdnāme* eingeräumt werden.[77]

3. Die Praxis der Scheidung von Seiten der Frau vor der Gesetzesänderung von 2002

Die Praxis der Scheidung von Seiten der Frau vor der Gesetzesänderung von 2002 ist vor dem Hintergrund des *aġdnāme* zu betrachten. Obwohl eine Frau u. a. die oben erwähnten zwölf Möglichkeiten zu einer Scheidung hat und auch noch nach der Wahl Khatamis beibehalten sollte, fielen die Erfolgschancen auf eine Scheidung mäßig aus. Wie bereits erwähnt, zählt die Drogenabhängigkeit des Ehemannes zu einem der Gründe, wonach die Ehefrau das Recht auf Scheidung hat. Der Nachweis für Drogenkonsum kann nicht von einem Hausarzt durchgeführt, sondern muss von einem Amtsarzt (*pezešk-e ġānuni*) attestiert werden. Nach Angaben einer iranischen Journalistin, welche nicht namentlich genannt werden möchte, werden lediglich zwei Formen der Untersuchung durchgeführt. Eine Untersuchungsform stellt die Urinprobe dar, die durch Einnahme von erheblichen Mengen an Zitronensäure manipuliert werden

[77] Ein am 3. Februar 2002 (*14. bahman 1380*) verfasster Ehevertrag wird auszugsweise d.h., lediglich die zwölf erwähnten Scheidungsgründe von Seiten der Frau, sowie der Abschnitt »weitere Vereinbarungen«, im Anhang aufgeführt.

kann. Auch gibt es auf dem freien Markt leicht zu erwerbende Medikamente oder die Einnahme von Gips, mit der die Untersuchung manipuliert werden kann. Die zweite Untersuchungsform ist die Blutprobe, welche nicht so einfach zu beeinflussen ist. Zumeist wird jedoch der Urin untersucht. Dass in der weit überwiegenden Zahl der Fälle lediglich der Urintest angewandt wird, könnte daran liegen, dass bis zu 70 Prozent der iranischen Bevölkerung *tarjāk*[78] oder andere Rauschmittel konsumieren und man angesichts dieser Zahl einen dramatischen Anstieg der Scheidungsrate befürchtet. Würden die Gerichte die Untersuchungen optimal durchführen, [79] so würde die bereits seit Jahren stetig steigende Scheidungsrate[80] noch weiter ansteigen. Solche Umstände wären für Befürworter und Träger eines islamischen Staates untragbar.

Auch der Beweis des »üblen Benehmens« durch den Ehemann ist kaum zu erbringen. Während der eine Richter einfache Beschimpfungen des Ehemannes als übles Benehmen wertet und einer Scheidung zustimmt, kann ein anderer Richter das brutale und immer wiederholte Schlagen der Frau durch den Ehemann verharmlosen und den Scheidungsantrag ablehnen. Im Allgemeinen hängt der Erfolg einer Scheidung von Seiten der Frau von vielen subjektiven Faktoren ab. Diese wären beispielsweise die Tagesverfassung des Richters, seine persönliche Einstellung zu Frauen und zur Scheidung usw. Nur in Ausnahmefällen spielen objektive Umstände wie beispielsweise das Alter der Eheleute sowie die finanzielle Situation eine Rolle. Ein allerdings in jedem Fall ins Gewicht fallender objektiver Um-

78 Der Iran dient für Afghanistan als Durchgangsland von Opium. Daher wird diese Droge, die leicht und kostengünstig zu erwerben ist, am häufigsten konsumiert.

79 Die bewährteste Untersuchung zum Nachweis des Drogenkonsums stellt in Deutschland die Haarprobe dar, nachdem nicht nur der Drogenkonsum nachgewiesen werden kann, sondern auch der Zeitraum, in dem Drogen, damit sind alle Opiate gemeint, konsumiert wurden.

80 Zu der stetig steigenden Scheidungsrate möchte ich keine Statistik verwenden, da diese auf Anweisung von höheren Stellen, verfälscht werden. Trotz der Verfälschung der Scheidungsstatistiken wird offiziell ein Anstieg vermerkt, der inoffiziell aber weit höher eingeschätzt wird.

stand ist das Vorhandensein von Kindern, was die Scheidung stets sehr erschwert[81].

Das ZGB wurde nicht so sehr bei Scheidungen von Seiten der Frau angewandt, sondern eher der *aġdnāme*. Die Scheidung von Seiten der Frau mit Berufung auf den *aġdnāme* war und ist weitaus erfolgreicher, da diese Scheidungsart nicht an langwierige gerichtliche Verfahrensregeln gebunden ist.

4. Der Artikel 1130 des Zivilgesetzbuches kurz vor der Wahl Khatamis

Am 5. November 1991 (*14. ābān 1370*) wurde ein Gesetzesentwurf zur Reformierung des Art. 1130 ZGB vom *mağles-e sewom* verabschiedet und am 12. November 1991 (*21. ābān 1370*)[82] vom *šourā-je negahbān* als mit den islamischen Prinzipien vereinbar anerkannt. Der Art. 1130 ZGB lautete bis zu seiner Reformierung von 2002 wie folgt:

مادهٔ ۱۱۳۰ در صورتی که دوام زوجیت موجب عسر و حرج زوجه باشد، وی می تواند
به حاکم شرع مراجعه و تقاضای طلاق کند، چنانچه عسر و هرج مذکور در محکمه ثابت
شود، دادگاه می تواند زوج را اجبار به طلاق نماید و در صورتی که اجبار میسر نباشد
زوجه به اذن حاکم شرع تلاق داده می شود. ۱

۱. اصلاحی مصوب ۷۰/۸/۱۴

[81] Gerichtsurteile in Bezug auf die Rechte der Frauen und im allgemeinen der Scheidung wie beispielsweise in der Reportage TALĀĠ – SCHEIDUNG IN TEHERAN: IRANISCHE FRAUEN KLAGEN IHRE MÄNNER AN- von Kim Longinotto und Ziba Mir-Hosseini aus dem Jahr 2000 stellen Ausnahmen dar und sind aufgrund der Anwesenheit von ausländischen Journalisten sicherlich moderat ausgefallen.

[82] SAMMLUNG VON GESETZEN DES DRITTEN PARLAMENTS (*mağma'e ġawānin-e mağles-e šourā-je eslāmi*): Bd. 3, *mağles-e šourā-je eslāmi* Verlag, Teheran Juni 1992 (*tir 1371*), S. 663.

Art. 1130 Wenn die Fortführung der Ehe für die Ehefrau eine besondere Härte darstellt und sie dadurch in Bedrängnis, also *osr o harağ*, gerät, so kann sie sich an das Gericht wenden und einen Antrag auf Scheidung stellen. Im Fall der Feststellung einer besonderen Härte und daraus resultierender Bedrängnis, kann der Richter den Ehemann zwingen, die Scheidung auszusprechen. Falls ein Zwang zur Scheidung durch den Mann nicht durchsetzbar ist, so kann die Scheidung durch den Richter erfolgen.

Die Frauenzeitschrift *zanān* bemerkte dazu, »dass in den vergangenen Jahren der Begriff *osr o harağ* sehr unterschiedlich interpretiert wurde. So kann ein Richter eine mit blauen Flecken am gesamten Körper übersäte Frau, die von ihrem Ehemann übel zugerichtet worden war, als Lebenslage beurteilen, die nicht dem *osr o harağ* entspricht. Demgegenüber kann ein anderer Richter die üblichen Beschimpfungen gegen eine Frau durch ihren Mann als einen Zustand des *osr o harağ*, in den die Frau geraten ist, anerkennen. Der Beweis vieler Tatsachen wie beispielsweise der Sucht, der sittlichen Verdorbenheit, des ungenügend definierten Begriffs des schlechten Betragens oder der *osr o harağ* erschweren die Scheidung von Seiten der Frau und kommen somit dem Ehemann zugute.«[83]

5. Die Gesetzesänderung des Artikel 1130 des Zivilgesetzbuches zur Scheidung von Seiten der Frau

Das *mağles-e pangom* hat im Frühjahr 2000 zum Ende seiner Amtszeit einen Gesetzesentwurf zur Reformierung des Art. 1130 ZGB verabschiedet. Der Entwurf sah neun Erläuterungen zum Begriff *osr o harağ* vor. Bei Erfüllung nur einer der neun Punkte

[83] SADR, ŠĀDI: *tā waġt-i rijāsat-e xānewāde az ān šouhar ast… – negāh-i be nezām-e hākem bar hoġuġ-e zan dar xānewāde* – (Solange die Führung der Familie beim Ehemann liegt… – Ein Blick auf die Ordnung des Regenten in Bezug auf die Rechte der Frau in der Familie -). In: *zanān* (Die Frauen). Hrsg. v. Šerkat, Šahlā. 10. Jg., Nr. 85, Teheran 20. Februar–20. März 2002 (*esfand 1380*), S. 20.

war *osr o harağ* bewiesen und die Scheidung von Seiten der Frau begründet. Mit der Definition des Begriffs *osr o harağ* wollte der Gesetzgeber eine transparente und für die Gerichte bindende Bestimmung schaffen. Die neun Punkte sollten der Frau die Scheidungsmöglichkeiten erleichtern. Der *šourā-je negahbān* jedoch lehnte diesen Gesetzesentwurf zu *osr o harağ* am 9. Juli 2000 (*19. tir 1379*) als mit den islamischen Prinzipien unvereinbar ab und schickte ihn an das *mağles-e panğom* zurück.[84]

Auf Drängen einiger weiblicher Abgeordneter des *mağles-e šešom* hin wurde der Gesetzesentwurf am 24. September 2000 (*3. mehr 1379*)[85] an den *mağma'e tašxis-e maslahat-e nezām* weitergeleitet. Dort blieb der abgelehnte Gesetzesentwurf nahezu ein Jahr und sechs Monate unbearbeitet liegen. Nach mehrmaligen Interventionen der Abgeordneten und insbesondere der Frauenkommission (*komisijon-e zanān*)[86] wurde in einer Sitzung des *mağma'e tašxis-e maslahat-e nezām* am 5. November 2001 (*14. ābān 1380*) der Gesetzesentwurf nach einer lang andauernden Debatte an weitere Sachverständige übergeben, um deren Meinungen bei der späteren Entscheidung zu berücksichtigen.[87]

Am 16. April 2002 (*27. farwardin 1381*) kritisierte die in Frauen-

84 Ohne Verfasserangabe: *taswib-e moğaddad-e mazādiğ-e osr o harağ dar mağles* (Die wiederhergestellte Bestätigung der Fallgruppe 'Härte und Bedrängnis' im Parlament). In: *zanān* (Die Frauen). Hrsg. v. Šerkat, Šahlā. 9. Jg., Nr. 65, Teheran 21. Juni–21. Juli 2000 (*tir 1379*), S. 61.

85 Ebrāhimi, Zahrā: *jek māh bā zanān dar mağles – hafte-je zan-e mağles, por kār wa por talāš* (Einen Monat mit den Frauen im Parlament – Die Woche der Frauen des Parlaments, voller Arbeit und voller Bemühung). In: *zanān* (Die Frauen). Hrsg. v. Šerkat, Šahlā. 11. Jg., Nr. 91, Teheran 23. August -20. September 2002 (*šahriwar 1381*), S. 20.

86 Eine aktive Kommission von Frauen des Parlaments, welche eng mit anderen Frauenorganisationen wie bspw. der Frauenfraktion (*frāksijon-e zanān*), den Frauen von Außerstaatlichen Organisationen auch Non Governmental Organizations genannt und weiteren Expertinnen für Erziehung im Land etc. zusammenarbeiten.

87 Ohne Verfasserangabe: *mağma'e tašxis-e maslahat tarh-e ta'jin-e mawāred-e osr o harağ-e zanān-rā maskut gozāšt* (Der Feststellungsrat hat die Bestimmung des Gesetzentwurfes in Bezug auf die »Not und Bedrängnis« *osr o harağ* der Frauen vorerst ausgesetzt). In: *zanān* (Die Frauen). Hrsg. v. Šerkat, Šahlā. 10. Jg., Nr. 71, Teheran 23. Oktober–21. November 2001 (*ābān 1380*), S. 74.

rechten aktive Frau Elahe Kulahi[88] den *maǧma'e tašxis-e maslahat-e nezām* wegen der Verzögerung der Entscheidung über den u. a. unbearbeiteten Gesetzesentwurf zur *osr o haraǧ*. Weiter verwies sie darauf, dass sich der *maǧma'e tašxis-e maslahat-e nezām* gegen die Verwirklichung der Rechte der Frauen richte und dies gegen den Art. 21 GG verstoße.[89]

Der vom *maǧles-e panǧom* verabschiedete Gesetzesentwurf wurde bereits einige Male in den Frauenzeitschriften *zanān* und *hoġuġ-e zanān* in jeweils unterschiedlichen Nummerierungen abgedruckt.[90] Die letzte Veröffentlichung des Gesetzesentwurfs aus

[88] Frau Elāhe Kulā'i war bereits des Öfteren in den Schlagzeilen, insbesondere da sie gemeinsam mit einer anderen Kandidatin während der Parlamentswahlen zum sechsten Parlament bekannt gab, dass sie ohne Tschador (ein den ganzen Körper verhüllendes Tuch, zumeist in schwarzem Ton) ins Parlament kommen würde. Der Tschador war zwar nicht offiziell vorgeschrieben. Da jedoch für Parlamentarierinnen eine ungeschriebene Verpflichtung bestand, ihn als wichtiges Symbol der Revolution während der Sitzungen zu tragen, war das Tragen anderer Kleidung seit der islamischen Revolution undenkbar. Als beide Frauen dennoch lediglich mit Mantel und Kopftuch im Sitzungssaal erschienen, wurden sie von einigen ihrer männlichen Kollegen heftig beschimpft.

[89] Ebrāhimi, Zahrā: *be dalil-e pardāxt na-kardan-e mahrije: 1000 mard dar zendān* (Aufgrund der Nichtauszahlung der Morgengabe: 1000 Männer im Gefängnis). In: *zanān*. Nr. 87, S. 21.

[90] Sadr, Šādi: *negāhi be mosawwabāt-e maǧma-e tašxis-e maslahat-e nezām dar bāre-je osr o haraǧ wa sen-e ezdewāǧ – eslāhāt-e ġatre čekāni dar ġawānin-e marbut be zanān* (Ein Blick auf die vom Feststellungsrat bestätigten Gesetze zum Thema »Härte und Bedrängnis« und dem »Heiratsalter« – Die tröpfelnden Reformen der betreffenden Gesetze für Frauen). In: *zanān* (Die Frauen). Hrsg. v. Šerkat, Šahlā. 11. Jg., Nr. 89, Teheran 22. Juni–22. Juli 2002 (*tir 1381*), S. 22. In einem früheren Artikel Ohne Verfasserangabe: *taswib-e moǧaddad-e mazādiġ-e osr o haraǧ dar maǧles* (Die wiederhergestellte Bestätigung der Fallgruppe 'Härte und Bedrängnis' im Parlament). In: *zanān*. Nr. 65, wurden jedoch lediglich acht Gründe aufgeführt. Dabei wurde Grund Nr. 6 im laufenden Text nicht erwähnt. Auch in einem Artikel von Eskuhi, Šahin: *ta'jin-e mazādiġ-e osr o haraǧ barāje darxāst-e talāġ az suj-e zanān* (Die Bestimmung der Fallgruppe »Härte und Bedrängnis« für den Gesuch der Scheidung von Seiten der Frauen). In: *hoġuġ-e zanān* (Die Rechte der Frauen). Hrsg. v. Gerāmizādegān, Ašraf. 3. Jg., Nr. 15, Teheran 20. April–20. Juni 2000 (*ordibehešt/xordād 1379*), S. 20 wurden lediglich acht Gründe, die zu *osr o haraǧ* führen sollten erwähnt.

der Zeitschrift *zanān*[91], der den Begriff *osr o harağ* definiert, wird nachfolgend wörtlich übersetzt und teilweise von der Verfasserin erläutert:

1. das willkürliche Verlassen der Ehefrau durch den Ehemann während einer Zeitdauer von mindestens sechs Monaten ohne triftigen Grund;

2. eine schädliche Sucht jeglicher Art von Narkotika;

Die Ehefrau muss einen Nachweis erbringen, dass die Sucht ihres Ehemannes nicht heilbar ist. Über die Existenz einer Sucht des Ehemannes wird ein amtsärztliches Gutachten erstellt. Zudem hat die Ehefrau nachzuweisen, dass Entzugsversuche ihres Ehemannes gescheitert sind. Dabei sind Atteste über einen erfolglosen Krankenhausaufenthalt oder einen missglückten Aufenthalt in einer Entzugsanstalt hilfreich.

3. die Weigerung zur Unterhaltszahlung und die Unmöglichkeit, den Ehemann zur Zahlung zu zwingen;

Mit Zahlungsunfähigkeit sind Schulden des Ehemannes gemeint, die er durch Krankheit und einer oftmals damit einhergehenden Arbeitsunfähigkeit hat und somit nicht vom Gericht gezwungen werden kann, seiner Frau den Unterhalt zu zahlen. Auch die Überschreibung des Vermögens des Mannes auf eine andere Person im Falle einer sich anbahnenden Auseinandersetzung mit der Ehefrau kommt häufig vor.

4. ansteckende, schwer zu behandelnde oder andere auftretende Krankheiten des Ehemannes, welche die Fortdauer der Ehe und die Gesundheit der Ehefrau in Gefahr bringen;

5. die Unfruchtbarkeit des Ehemannes, die eine Schwangerschaft für die Ehefrau unmöglich macht;

6. das üble Benehmen und der üble Umgang des Ehemannes

[91] EBRĀHIMI, ZAHRĀ: *jek māh bā zanān dar mağles – hafte-je zan-e mağles, por kār wa por talāš* (Einen Monat mit den Frauen im Parlament – Die Woche der Frauen des Parlaments, voller Arbeit und voller Bemühung). In: *zanān*. Nr. 91, S. 20.

entgegen der *orf* mit Berücksichtigung der gesellschaftlichen, moralischen, seelischen, häuslichen und zeitlichen Verhältnisse und Zustände, die für die Ehefrau unerträglich sind;

7. die Wahl einer weiteren Ehepartnerin im Fall einer Unmöglichkeit der Ausführung von Gerechtigkeit;[92]

Häufig gehen die Männer ohne vorherige Zustimmung der ersten Ehefrau eine weitere Ehe ein. Eine weitere Eheschließung des Ehemannes hat für die Ehefrau zumeist eine materielle und psychische Einschränkungen zufolge.[93]

8. die Nichtbeachtung von gerichtlichen Anordnungen in Bezug auf eine verbotene Beschäftigung einer Arbeit oder einem Gewerbe, welches sich negativ auf die Familie auswirkt und die Würde der Frau verletzt;

9. die endgültige Verurteilung des Ehemannes zu einer Haftstrafe aufgrund einer strafbaren Handlung[94], die sich negativ auf die familiäre Würde und Ehre der Ehefrau auswirkt;

Nachdem der *šourā-je negahbān* den Gesetzesentwurf zu *osr o harağ* zweimal abgelehnt hatte, wurde er mit einigen gravierenden Veränderungen am 20. Juli 2002 (*26. tir 1381*)[95] vom *mağma'e tašxis-e maslahat-e nezām* für mit den islamischen Prinzipien ver-

[92] Darunter hat man sich eine materielle, sexuelle und psychische Gerechtigkeit vorzustellen.

[93] ESKUHI, ŠAHIN: *dar surat-e taswib-e mağles, zanān az haġ-e talāġ barxordār xāhand šod* (Aufgrund eines Parlamentsbeschlusses werden Frauen das Recht auf Scheidung erlangen). In: *hoġuġ-e zanān* (Die Rechte der Frauen). Hrsg. v. Gerāmizādegān, Ašraf. 2. Jg., Nr. 14, Teheran 20. März–19. April 2000 (*farwardin 1379*), S. 22.

[94] Gemeint ist damit bspw. der Handel mit Drogen, Zuhälterei u. ä. Das Urteil muss zu einer mindestens fünfjährigen Gefängnisstrafe ausfallen, um der Ehefrau ein Recht auf Scheidung einzuräumen.

[95] Vgl. den Bericht von EBRĀHIMI, ZAHRĀ: *jek māh bā zanān dar mağles – hafte-je zan-e mağles, por kār wa por talāš* (Einen Monat mit den Frauen im Parlament – Die Woche der Frauen des Parlaments, voller Arbeit und voller Bemühung). In: *zanān*. Nr. 91, S. 20.

einbar anerkannt und zugelassen.[96] Vier der neun Gründe wurden abgelehnt. Für den *maǧmaʿe tašxis-e maslahat-e nezām* sind fünf Gründe für eine Scheidung von Seiten der Frau in geänderter Form als mit den islamischen Prinzipien vereinbar zugelassen worden. Diese werden wie folgt in wörtlicher Übersetzung wiedergegeben:[97]

1. das Verlassen des familiären Zusammenlebens durch den Ehemann für einen Zeitraum von mindestens sechs Monaten oder aber für eine unterbrochene Zeitdauer von insgesamt mindestens neun Monaten innerhalb eines Jahres ohne triftigen Grund;

2. die Sucht des Ehemannes nach jeglicher Art von Narkotika oder aber seine Lasterhaftigkeit für alkoholische Getränke, die dem familiären Zusammenleben schaden, und das Hindernis oder die Unmöglichkeit, ihn innerhalb eines vom Arzt festgelegten und notwendigen Zeitraums für einen Entzug zum Aufhören zu zwingen;

3. schwer zu behandelnde seelische oder ansteckende Krankheiten des Ehemannes oder andere schwer zu behandelnde Krankheiten, die das gemeinsame Zusammenleben schädigen; Die beschriebenen Fälle dieses Artikels stellen für das Gericht kein Hindernis dar, in anderen Fällen die Härte und Bedrängnis der Frau anzunehmen und die Scheidung auszusprechen.

4. das Schlagen und das Beschimpfen oder jegliches übles Benehmen des Ehemannes, welches entgegen dem Gewohnheitsrecht unter Berücksichtigung der Situation der Ehefrau unerträglich ist;

[96] SADR, ŠĀDI: *negāhi be mosawwabāt-e maǧmaʿe tašxis-e maslahat-e nezām dar bāre-je osr o harağ wa sen-e ezdewāǧ – eslāhāt-e ġatre čekāni dar ġawānin-e marbut be zanān* (Ein Blick auf die vom Feststellungsrat bestätigten Gesetze zum Thema »Härte und Bedrängnis« und dem »Heiratsalter« – Die tröpfelnden Reformen der betreffenden Gesetze für Frauen). In: *zanān*. Nr. 89, S. 22.

[97] EBRĀHIMI, ZAHRĀ: *jek māh bā zanān dar maǧles – hafte-je zan-e maǧles, por kār wa por talāš* (Einen Monat mit den Frauen im Parlament – Die Woche der Frauen des Parlaments, voller Arbeit und voller Bemühung). In: *zanān*. Nr. 91, S. 21.

5. die endgültige Verurteilung des Ehemannes zu einer fünfjährigen oder längeren Haftstrafe.

Die Unterhaltsverweigerung als Grund für eine Scheidung von Seiten der Frau wurde vom *maǧmaʿe tašxis-e maslahat-e nezām* nicht in den Katalog des Art. 1130 ZGB aufgenommen, da sie bereits mit Art. 1129 im ZGB verankert sei. Die Unfruchtbarkeit des Ehemannes, die Eingehung einer weiteren Ehe mit der Folge einer Einschränkung der bisherigen Leistung des Ehemannes gegenüber seiner ersten Frau und die Ausübung verbotener Tätigkeiten wurden ebenfalls nicht als Scheidungsgründe in Art. 1130 ZGB verankert. Dies erscheint deshalb als besonders bemerkenswert, weil diese letztgenannten drei Gründe im Rahmen von Eheverträgen absolut gängig sind und das Kriterium der Islam-Konformität dort ebenso zu gelten hat wie für Gesetze.

V. Zwischenfazit

Der *ġorʿān* sieht die einseitige Scheidung nur für den Mann vor. Die Scheidung war lediglich an ein Verfahren geknüpft. Der *ġorʿān* schreibt weiter vor, dass der Ehemann in Anwesenheit zweier Zeugen durch Aussprechen der Scheidungsformel seine Ehefrau verstoßen konnte. Dies konnte auch in Abwesenheit der Ehefrau geschehen.

Seit der Einführung des EuEG im Jahr 1931 musste die Eheschließung sowie die Ehescheidung staatlich registriert werden. Dazu wurden eigens staatliche Notariatsbüros eingerichtet.

Mit der Erweiterung des ZGB im Jahr 1935 wurden materielle Vorschriften für die Scheidung von Seiten der Frau kodifiziert. Zudem hatte die Frau im Falle einer Eheschließung sowie einer Ehescheidung von nun an ebenfalls in der Registrierungsbehörde anwesend zu sein, d.h. eine Scheidung in Abwesenheit der Frau war nun nicht mehr möglich.

Das FSG 1967 erschwerte die Scheidung durch den Mann in einem weiteren Schritt. Um eine Scheidung registrieren zu lassen, hatte der Ehemann zunächst eine *gawāhi-e adam-e emkān-e sāzeš* bei Gericht zu erwirken. Pflichten des Ehemannes, die bereits im ZGB kodifiziert waren, wurden als Scheidungsgründe ins FSG 1967 übernommen.

Das FSG 1975 brachte weitreichende Rechte zugunsten der Frauen hervor. Diese waren: der nacheheliche Unterhalt im Falle einer Scheidung; das Sorgerecht zum Kindeswohl und die Scheidung von Seiten der Frau.

Nach der islamischen Revolution wurden jedoch alle für die Frauen errungenen Rechte praktisch außer Kraft gesetzt. Nach und Nach wird jedoch versucht den Gesetzesstand von 1975 wiederherzustellen. Dies gilt auch für die Scheidung von Seiten der Frau.

Drittes Kapitel

Die Morgengabe

سعدی به روزگاران مهری نشسته بر دل
بیرون نمیتوان کرد آلا به روزگاران

I. Die Grundlage der Morgengabe im Iran

Nach Ansicht Nagels »geht das Eherecht des Islams«, so auch die Grundlage der *mahr* im Iran, »auf altarabische Bräuche und Ansichten zurück. Der Koran setzte sie voraus und ergänzte sie in charakteristischer Weise.«[99] Die *mahr* kann demnach möglicherweise ein Relikt aus der vorislamischen, polyandrischen Zeit Arabiens darstellen. Die *mahr* war ursprünglich der Kaufpreis für eine Frau. Mit der Auszahlung an die Familie der Frau oder auch mit der direkten Auszahlung der vereinbarten Summe an die Auserwählte fiel die Frau in das Eigentum des Mannes oder mehrerer Männer gleichzeitig. Die Ehefrau war dabei das Vertragsobjekt und konnte sogar vererbt werden.[100] Aufgrund der immensen Höhe des Kaufpreises einer Frau »teilten sich bisweilen mehrere Männer eine Ehefrau.«[101] Üblicherweise erhielt die Familie, zumeist der Vater der gekauften Braut, die Summe des Kaufpreises ausgehändigt.

[98] Der Zweizeiler wurde entnommen aus einem Bericht von Golestāni, Ebrāhim: *touzih-i bar mādde wāhede elhāġ-e jek tabsere be mādde-e 1082-e ġānun-e madani* (Die Ergänzungserklärung eines Artikels durch eine Anmerkung zu Art. 1082 des Zivilgesetzbuches). In: *hoġuġ-e zanān* (Die Rechte der Frauen). Hrsg. v. Gerāmizādegān, Ašraf. 3. Jg., Nr. 17, Teheran 22. August–21. September 2000 (*šahriwar 1379*), S. 59.
Die Übersetzung des Zweizeilers ist wie folgt:
Sadi legte den Zeiten die Liebe ans Herz (w. Bauch),
herausgenommen werden kann sie nicht außer mit den Zeiten
Der Zweizeiler ist ein gekonntes Spiel mit zwei ähnlichen Wörtern. Die Morgengabe *mahr* wird in der persischen Umgangssprache *mehr* ausgesprochen – *mehr* hingegen bedeutet Liebe, so dass die beiden Wörter austauschbar sein können. Der Bedeutung nach kann man auch den Betrag der Morgengabe, die der Mann seiner zukünftigen Frau bietet, an die Höhe seiner Liebe zu ihr interpretieren. Sinkt jedoch einige Zeit nach der Eheschließung auch die Liebe zu seiner Frau, so sinkt auch die Bereitschaft, seiner Frau die Morgengabe zu übergeben.

[99] Nagel, Tilmann: Das islamische Recht: Eine Einführung. WVA – Verlag, München 2001, S. 66.

[100] Nagel, Tilmann, 2001, S.66.

[101] Nagel, Tilmann, 2001, S. 66.

Mit der Islamisierung Arabiens wurde die *mahr* in abgewandelter Form in den *ġor'ān*[102] übernommen. Stellte die *mahr* in der vorislamischen, polyandrischen Zeit noch eine Verpflichtung in Form eines Kaufpreises für eine Braut dar, so wurde sie mit der islamischen Reformierung zu einem freiwilligen Geschenk für die Braut vom Bräutigam. Die Frau wurde somit zum Vertragssubjekt erhoben.

Um bestimmten Nachteilen für die Frau, wie z.B. der schnellen und unbegründeten Scheidung durch den Ehemann, vorzubeugen, haben sich vor etwa 100 Jahren im damaligen Persien gesellschaftliche Veränderungen zugunsten der Frau entwickelt. Beispielsweise wurde von dem zukünftigen Ehemann neben der Summe von ungefähr 1000 (*toman*)[103] auch ein Sack voll Fliegenflügel (etwa 75 Gramm) als zusätzliche *mahr* verlangt. Der Sack voll Fliegenflügel[104] sollte eine Art erweitertes Hemmnis darstellen, da der Ehemann damals das Recht besaß, sich in Anwesenheit oder auch bei Abwesenheit der Ehefrau scheiden zu lassen. Ob der Sack voll Fliegenflügel mit der Eheschließung der Braut übergeben werden sollte oder aber auch später erfolgen konnte, ist nicht überliefert.

[102] Sure 4:4 »Und gebt den Frauen ihre Morgengabe als Geschenk (so daß sie frei darüber verfügen können)! Wenn sie euch aber freiwillig etwas davon überlassen, so könnt ihr es unbedenklich (für euch selber) verbrauchen.«

[103] Die offizielle Währung des Iran ist der Rial. 10 Rial sind gleich 1 *Toman.* Aufgrund der hohen Inflation im Iran wurde der *Toman* zur inoffiziellen Landeswährung.

[104] Ein Indiz für die Existenz des Brauches der Fliegenflügel als einen Bestandteil der Morgengabe findet sich im Artikel von KĀR, MEHRANGIZ: *mahrije (barx-e dowwom)* (Die Morgengabe, 2. Teil). In: *zanān.* (Die Frauen). Hrsg. v. Šerkat, Šahlā. 6. Jg., Nr. 34, Teheran 21. April–21. Mai 1997 (*ordibehešt 1376*), S. 50. In diesem Artikel wird erklärt, dass man 50 Gramm Fliegenflügel nicht als Morgengabe vereinbaren darf.

II. Das Recht der Morgengabe unter Reza Schah Pahlawi von 1921–1941

Beinahe zeitgleich mit dem EuEG wurde unter der Herrschaft des Reza Schah Pahlawi im Jahr 1931 (*1310*) die *mahr* mit 24 Artikeln im ZGB kodifiziert (Art. 1078–1101 ZGB).[105]

1. Die allgemeine Rechtslage nach 1931

Die *mahr* war eine Art Sicherheitsgabe des Ehemannes an die Ehefrau zur finanziellen Absicherung und Überbrückung im Fall einer Scheidung oder seines Todes. Bei einer Scheidung hatte die Frau kein Recht auf Unterhalt, so dass die *mahr* für die Frau eine finanzielle Absicherung darstellte. Im Fall des Todes des Ehemannes stand der Witwe lediglich ein Viertel seines Vermögens zu. Hatten die Eheleute ein gemeinsames Kind, so verringerte sich ihr Erbanteil auf ein Achtel des Vermögens des Ehemannes. Hatte der Ehemann zudem weitere Ehefrauen, so musste der Erbanteil zu gleichen Teilen unter den Ehefrauen weiter aufgeteilt werden. Der Erbanteil einer Frau war bereits so gering bemessen, dass die *mahr* im Ausgleich dazu als eine Art materielle Sicherheit diente.

Die *mahr* konnte in Form von barem Geld, Goldmünzen, Grundstücken oder anderen Wertgegenständen entrichtet werden.[106] Die *mahr* musste grundsätzlich aus dem Eigentum des Mannes, d.h. nicht von seinen Eltern oder anderen Verwandten, entrichtet werden. Wenn aber durch besondere Vereinbarung die Verpflichtung zur Zahlung der *mahr* von den Eltern des Ehemannes oder

105 Kār, Mehrangiz: *mahrije (barx-e awwal)* (Die Morgengabe, 1. Teil). In: *zanān.* (Die Frauen). Hrsg. v. Šerkat, Šahlā. 6. Jg., Nr. 33, Teheran 21. März–20. April 1997 (*farwardin 1376*), S. 58.

106 Siehe hierzu eine staatlich herausgegebene Broschüre des Forschungsverein für Frauenangelegenheiten *entešārāt-e roušangarān wa motāla'āt-e zanān – goruh-e pažuhešgarān-e masā'el-e zanān* (Hrsg.): *ān če dar bāreje hoġuġ-e ezdewāğ bājad bedānim* (Was wir über die Rechte in der Ehe wissen müssen). Heft 1 – *mahrije* (Die Morgengabe), Teheran 1996 (*1375*), S. 8.

Verwandten übernommen wurde, so mußten die vereinbarten Gegenstände noch vor dem Zustandekommen der Ehe der künftigen Braut übertragen werden.[107] Im Übrigen hatte die Frau das Recht, ihre *mahr* jederzeit nach dem Vollzug der Ehe einzufordern.[108] Sie konnte gemäß Art. 1082 ZGB frei und nach eigenem Wunsch über ihre *mahr* verfügen, ohne dass dazu die Einwilligung ihres Ehemannes nötig war.[109] Wenn der Ehemann der Aufforderung seiner Frau zur Zahlung der *mahr* nicht nachkam, konnte die Ehefrau auf Herausgabe ihrer *mahr* klagen und brauchte ihren ehelichen Pflichten nicht nachzukommen.[110] Eine solche Verweigerung der ehelichen Pflichten konnte sich u. a. in sexueller Hinsicht äußern, indem sie sich ihrem Ehemann verweigerte. Bei einer Verurteilung musste der Ehemann zahlen, da er gegenüber seiner Ehefrau die Rolle eines Schuldners einnahm. Bei einer Zahlungsverweigerung hatte der Ehemann mit einer Gefängnisstrafe zu rechnen. Die Höhe der Gefängnisstrafe richtete sich dabei nach der Höhe seiner Schulden gegenüber seiner Ehefrau.

Wenn der Ehemann kein Vermögen besaß, so hatte dies vom Staat überprüft zu werden. Bestätigte sich dabei die Vermögenslosigkeit, so wurde dem Ehemann schließlich bei hinreichendem Einkommen ein Viertel oder ein Drittel seines Gehaltes abgezogen und der Ehefrau zugewiesen.[111] Ungeachtet dessen, ob der Ehemann zahlungsunwillig oder -unfähig war, hatte er mit einer Gefängnisstrafe zu rechnen. Möglich war jedoch auch unter diesen Umständen die Entrichtung der Schulden, der auszuzahlenden *mahr*, durch Eltern, Verwandte oder Bekannte des Schuldners, die allerdings nicht dazu verpflichtet waren.[112]

[107] *entešārāt-e roušangarān wa motāla'āt-e zanān – goruh-e pažuhešgarān-e masā'el-e zanān*, 1996, Heft 1, S. 8.

[108] *entešārāt-e roušangarān wa motāla'āt-e zanān – goruh-e pažuhešgarān-e masā'el-e zanān*, 1996, Heft 1, S. 8.

[109] BERGMANN U. FERID, 1989, S. 24.

[110] *entešārāt-e roušangarān wa motāla'āt-e zanān – goruh-e pažuhešgarān-e masā'el-e zanān*, 1996, Heft 1, S. 11.

[111] *entešārāt-e roušangarān wa motāla'āt-e zanān – goruh-e pažuhešgarān-e masā'el-e zanān*, 1996, Heft 1, S. 11.

[112] *entešārāt-e roušangarān wa motāla'āt-e zanān – goruh-e pažuhešgarān-e masā'el-e zanān*, 1996, Heft 1, S. 11.

Wenn ein Ehemann während einer schwerwiegenden Krankheit eine Ehe einging und an dieser Krankheit verstarb, ohne mit seiner Ehefrau die Ehe vollzogen zu haben[113], so erbte die Witwe nicht von ihrem verstorbenen Ehemann und hatte zudem kein Recht auf ihre *mahr.* Wurde hingegen vor dem Tod des Ehemannes die Ehe vollzogen, so erlangt die Witwe das Recht auf ihre *mahr* gemäß Art. 2775 ZGB[114].

Eine *mahr* musste auch bei einer *sige* festgelegt und ausgezahlt werden, da ansonsten die Eheschließung gemäß Art. 1095 ZGB ungültig war. Die Voraussetzung für die Erstattung der vollen Höhe der *mahr* war auch hier der Vollzug der Ehe. Wurde eine *sige* jedoch vor Ablauf der vereinbarten Zeit beendet, so erhielt die Ehefrau auf Zeit nach Art. 1097 ZGB lediglich die Hälfte der vereinbarten *mahr.* Allerdings behielt die Ehefrau auf Zeit das Recht auf die volle Höhe der vereinbarten *mahr,* wenn die *sige* nach ihrem Vollzug durch den Tod des Ehemannes beendet wurde.

2. Die unterschiedlichen Formen der Morgengabe

Die *mahr* wird in drei unterschiedliche Formen eingeteilt: die *mahr,* die bei der Eheschließung festgelegt werden muss (*mahr ol musammā*), die *mahr,* die nach der Eheschließung festgelegt wird (*mahr ol mesl*) und die *mahr,* die je nach finanzieller Möglichkeit des Mannes festgelegt wird (*mahr ol muta'ā*).

2.1 Die »mahr ol musammā«

Bei der *mahr ol musammā* wird gemäß Art. 1080 ZGB die Höhe der *mahr* bei der Eheschließung festgelegt. Die Höhe der *mahr* ist dabei beliebig. Die *mahr* muss jedoch einen gewissen Vermögenswert in Form von Bargeld, Gold, Haus, Wohnung, Schmuck usw. haben. Sie muss für die Frau einen wirtschaftlichen Nutzen darstellen. Dadurch wird ausgeschlossen, dass beispielsweise ein Sack voll Fliegenflügel rechtens ist. Bei Häusern, Wohnungen,

113 Mit dem Vollzug der Ehe ist der Geschlechtsverkehr gemeint.

114 ZIVILGESETZBUCH (*ğānun-e madani*): Bearb. v. Ğahāngir, Mansur. 6. Aufl., Teheran i. d. F. v. 2000 (*1379*).

Schmuck, Gold sollte der Wert vor der Vereinbarung geschätzt und die Frau darüber in Kenntnis gesetzt werden. Erst wenn die Ehefrau genau über ihre *mahr* aufgeklärt wurde, kann sie ihr Einverständnis geben. Beide Eheleute müssen also mit der *mahr* einverstanden sein und sie im *aġdnāme* mit ihrer Unterschrift legitimieren.

Die *mahr ol mussamā* wird gemäß Art. 1083 ZGB weiter unterteilt in die *mahr-e hāl*, die umgehend mit der Eheschließung zu entrichten ist, und die *mahr-e mo'ağğal*, welche zu einem späteren Zeitpunkt entrichtet werden kann. Der Zeitpunkt der Entrichtung muss jedoch bei der Eheschließung festgelegt werden.

2.2 Die »mahr ol mesl«

Falls bei einer Eheschließung keine *mahr* festgelegt wurde, kann dies auch nachträglich im Verlauf der Ehe im *aġdnāme* vereinbart werden. Diese Form der *mahr* wird *mahr ol mesl* genannt. Kann beispielsweise wegen Uneinigkeit beider zukünftiger Eheleute keine *mahr* bei der Eheschließung vereinbart werden, so kann nach Aufforderung durch die Noch-Ehefrau oder die geschiedene Frau das Gericht die *mahr ol mesl* nach der Eheschließung und oder nach einer Scheidung festlegen. Nach der Eheschließung muss jedoch der Geschlechtsverkehr vollzogen werden, um das Recht auf eine *mahr ol mesl* zu erwirken. In diesem Fall kann die *mahr* nicht beliebig hoch oder niedrig festgelegt werden. Dabei muss gemäß Art. 1091 ZGB für die nachträgliche Festlegung der Höhe der *mahr* die Schönheit der Ehefrau, der Bildungsstand der Ehefrau, die Keuschheit der Ehefrau, ihre familiäre Herkunft, der Zeitpunkt, der Wohnort sowie die durchschnittliche Höhe der *mahr* von Frauen aus ihrer Familie berücksichtigt werden. Die Höhe der *mahr* soll demnach ähnlich hoch oder niedrig wie die anderer Frauen, die ihrem sozialen Stand ähnlich sind, sein.

2.3 Die »mahr ol muta'ā«

Die dritte Form der *mahr*, der *mahr ol muta'ā*, ist in Art. 1093 ZGB sowie Art. 1094 ZGB geregelt. Dabei wird die Schönheit der Ehefrau, der Bildungsstand der Ehefrau, die Keuschheit der Ehefrau, ihre familiäre Herkunft, der Zeitpunkt, der Wohnort sowie die durchschnittliche Höhe der *mahr* von Frauen aus ihrer Familie nicht berücksichtigt. Maßgeblich sind ausschließlich

Einkommen und Vermögen des Ehemannes. Im Fall einer Klage durch die Ehefrau sendet das Gericht einen Sachverständigen zum Ehemann, der einen Betrag festlegt, den der Ehemann an seine Frau zu zahlen hat.

Wenn die *mahr* bis zur Eheschließung nicht festgelegt wird und der Ehemann nach der Eheschließung keinen Geschlechtsverkehr mit seiner Ehefrau ausgeübt hat, seine Frau aber scheiden lässt, so bleibt das Recht auf die *mahr ol muta'ā* gleichwohl bestehen.

Wurde bei der Eheschließung keine *mahr* vereinbart und verstirbt der Ehemann nach der Eheschließung, aber vor dem Vollzug der Ehe, hat die Witwe gemäß Art. 1088 ZGB kein Recht auf eine *mahr.*

III. Das Recht der Morgengabe unter Mohammad Reza Schah Pahlawi von 1941–1979

Unter Mohammad Reza Schah Pahlawi gab es keine Neuregelung der *mahr*. Im Gegensatz zu den vielen Veränderungen des Scheidungsrechts unterlag das Recht der *mahr* seit der Kodifizierung im Jahr 1931 keinen Veränderungen. Erst die Einführung des FSG 1975, obwohl es für die *mahr* selbst keine neue Regelung vorsah, wirkte sich einschneidend auf die Höhe der *mahr* aus.

Obgleich das FSG 1975 sich nicht mit der Regelung der *mahr* befasste, sank diese seit der Einführung des FSG 1975 stetig. Die Gründe dafür waren zum einen der Art. 8 FSG 1975, der die Abschaffung des unbegründeten Scheidungsrechts zugunsten des Ehemannes vorsah, sowie Art. 11 FSG 1975, der die nacheheliche Unterhaltszahlung an die Ehefrau im Fall einer Scheidung einführte. Dieser Unterhalt wurde der Ehefrau zugesprochen, wenn der Ehemann als der Schuldige für das Scheitern der Ehe angesehen wurde. Damit verlor die *mahr* ihre Bedeutung für die finanzielle Absicherung der Ehefrau im Fall einer willkürlichen Scheidung durch den Ehemann. Die Höhe der üblicherweise vereinbarten *mahr* sank deshalb im Laufe der Zeit auf einen nur symbolischen Wert.

IV. Das Recht der Morgengabe nach der islamischen Revolution von 1979

Nach der islamischen Revolution hatte sich die rechtliche Regelung der *mahr* nicht geändert. Es blieb weiterhin bei der alten Regelung im ZGB. Die Abschaffung aller Gesetze einschließlich großer Teile des FSG 1975, die den islamischen Prinzipien zuwiderliefen, wirkte sich gegenteilig auf die bis dahin niedrige *mahr* aus. Von nun an wurde die *mahr* wieder hoch angesetzt und sollte im Laufe der Zeit, insbesondere auch durch die starke Inflation nach der islamischen Revolution bis zur Wahl Khatamis weiter ansteigen. Lediglich die Zuständigkeit der Gerichte für Streitigkeiten über die *mahr* änderte sich mit der Einführung des GzSG. Von nun an waren die zivilen Sondergerichte anstelle der Familiengerichte für Klagen auf Entrichtung der *mahr* zuständig.

1. Das Verfahren der Einforderung der Morgengabe

Für die Herausgabe der *mahr* konnte sich eine Frau an das Gericht, ihren Notar oder ihre zuständige Registrierungsbehörde (*edāre-e zabt-e ahwāl*) wenden. Dort erhielt sie ein amtliches Musterformular, mit dem sie ihren Antrag stellen musste. Darin hatte sie u. a. das genaue Datum der Eheschließung, die Registrierungsnummer ihrer *aġdnāme*, das Notariatsbüro mit der zuständigen Bezirksnummer sowie die genaue Ortsangabe, ihren Namen, den Namen des Ehegatten und die Höhe der damals vereinbarten Summe anzugeben. Weiter musste die Frau bei der zuständigen Behörde beantragen, dass ihr innerhalb von zehn Tagen ihre *mahr* ausgehändigt wird. Einem Sachverständigen hatte sie zudem das gesamte Vermögen ihres Mannes anzugeben, damit es umgehend gepfändet werden konnte.[115] Binnen zehn Tagen nach der Pfändung hatte die Frau ei-

[115] Siehe hierzu eine Art Vorlage der Vorgehensweise zum Antrag der Morgengabe von Kār, Mehrangiz: *mahrije (barx-e dowwom)* (Die Morgengabe, 2. Teil). In: *zanān*. Nr. 34, S. 51.

nen weiteren Antrag auf Aushändigung ihrer *mahr* bei Gericht einzureichen. Dabei musste sie auf ihren ersten Antrag Bezug nehmen, den zuständigen Bezirk mit seiner Filiale, in dem sie den ersten Antrag gestellt hatte, angeben, sowie die Nummer ihres ersten Briefes und das gerichtliche Aktenzeichen. Schließlich hatte sie abermals den Wunsch zu äußern, dass sie ihre *mahr* ausgehändigt bekommen möchte.[116] Im Fall eines Erfolges zahlte die Frau die Kosten des Verfahrens für die erfolgreich eingeforderte *mahr.*

2. Die Praxis der Morgengabe vor der Gesetzesänderung von 1998

Junge Leute konnten oftmals nicht bei Eingehung der Ehe die häufig hohe Summe der *mahr* zahlen. Aus diesem Grund zahlte der Ehemann die *mahr*, wenn überhaupt, erst bei Unstimmigkeiten mit der Frau aus und nicht, wie vorhergesehen, am Tag der Trauung. Zumeist verlangte die Frau die Auszahlung ihrer *mahr* nicht. Im Fall eines Streits oder einer sich anbahnenden Scheidung aber wurde zumeist die *mahr* von Seiten der Frau eingefordert. Nach Aussage von zwei Sachverständigen in einem Interview der Frauenzeitschrift *zanān* erhielten lediglich zehn bis zwanzig Prozent der Frauen ihre *mahr.*[117] Nach Ansicht der beiden Experten war die Höhe der *mahr* ausschlaggebend dafür, ob es zu einer Auszahlung an die Frau kam. Je höher die *mahr* war, desto geringer war die Wahrscheinlichkeit einer Auszahlung durch den Ehemann. Komplikationen, die zu einer Nichtauszahlung führten, hingen von unterschiedlichen Faktoren ab, vor allem aber, wie bereits erwähnt wurde, von der Höhe der *mahr*, sowie der Zahlungskraft und -bereitschaft des Ehemannes.[118]

[116] Der zweite Antrag, der bei Gericht einzureichen ist, findet sich ebenfalls im selben Bericht von KĀR, MEHRANGIZ: *mahrije* (*barx-e dowwom*) (Die Morgengabe, 2. Teil). In: *zanān*. Nr. 34, S.51.

[117] ALIZĀDE-KERAMATI, MARĞĀN: *wokalā wa sardaftarān migujand…* (Advokaten und Notare sagen…). In: *zanān* (Die Frauen). Hrsg. v. Šerkat, Šahlā. 6. Jg., Nr. 33, Teheran 21. März–20. April 1997 (*farwardin* 1376), S. 64.

[118] ALIZĀDE-KERAMATI, MARĞĀN: *wokalā wa sardaftarān migujand…* (Advokaten und Notare sagen…). In: *zanān*. Nr. 33, S. 63.

Im Fall einer Scheidung kam es immer häufiger zum Verzicht auf die *mahr*, wofür im Wesentlichen zwei Gründe angegeben werden können. Ein Grund war, dass die Ehefrauen mit dem Verzicht auf die *mahr* ihre Ehemänner zu einer einvernehmlichen Scheidung bewegen wollten. Der andere Grund ist in der geltenden Sorgerechtsregelung zu suchen. Das iranische Sorgerecht sah gemäß Art. 1169 ZGB für die geschiedene Ehefrau das Recht auf Sorge für einen Sohn bis zur Vollendung des zweiten Lebensjahres und für eine Tochter bis zur Vollendung des siebten Lebensjahres vor. Heiratete die geschiedene Ehefrau noch während des Sorgerechts ihrer Kinder, so ging dieses gemäß Art. 1170 ZGB umgehend und unabhängig vom Lebensalter der Kinder auf den Vater über.[119] Um ihre Kinder auch nach dem Verlust des Sorgerechts behalten zu können, wurde der Verzicht auf die *mahr* von Frauen gewissermaßen als Verhandlungsmittel eingesetzt.

3. Der Artikel 1082 des Zivilgesetzbuches kurz vor der Wahl Khatamis

Noch vor der Wahl Khatamis lautete der Art. 1082 ZGB[120] wie folgt:

مادهٔ ١٠٨٦ به مجرد عقد، زن مالک مهر می شود و می تواند هر نوع تصریفی
که بخواهد در آن بنماید.

[119] Dazu hat das sechste Parlament im Sommer 2002 eine Gesetzeserweiterung vorgenommen, wonach die Frau das Sorgerecht für ihre Kinder, gleichgültig ob Junge oder Mädchen bis zur Vollendung des siebten Lebensjahres erhält. Siehe dazu Ohne Verfasserangabe: *fa'ālijat-hā-je markaz-e omur-e mošārekat-e zanān pirāmun pišgiri wa mahw-e xošunat alej-he zanān* (Die Aktivitäten des »Handlungszentrums für die Partizipation von Frauen« zur Vermeidung, Vorbeugung und Vernichtung von Gewalt gegenüber Frauen). In: *hoġuġ-e zanān*. Hrsg. v. Gerāmizādegān, Ašraf. 4. Jg., Nr. 22, Teheran 21. April–21. Juni 2002 (*odribehešt/xordād 1381*). S. 64.

[120] Zivilgesetzbuch (*ġānun-e madani*). I. d. F. v. 2000 (*1379*).

Art. 1082 Die Frau wird mit der Eheschließung umgehend Eigentümerin der Morgengabe und kann jegliche Verfügung über sie treffen.

Der Begriff (*mālek*) wird teilweise mit Besitzer, teilweise mit Eigentümer übersetzt. Eigentümer ist im juristischen Sinn derjenige, dem etwas gehört. Ein Besitzer kann jedoch etwas besitzen, das ihm gehört oder aber auch nicht gehört. Somit wird aus Art. 1082 ZGB nicht eindeutig ersichtlich, ob die Frau mit der Eheschließung automatisch auch Besitzerin ihrer *mahr* ist. Eigentümerin der *mahr* war die Frau auf jeden Fall. Ihr allein wurde eine uneingeschränkte Zweckentscheidung über die Verwendung der *mahr* zugestanden. Der Zweck konnte durchaus auch ein Verzicht auf ihre *mahr* sowie auch eine vorübergehende Nichtauszahlung der *mahr* sein. Sie konnte aber auch die Übergabe ihrer *mahr* einfordern und sie nach ihrem Belieben ausgeben oder auch zur Absicherung ihrer Zukunft zinsbringend anlegen.

4. Die Gesetzesänderung des Artikel 1082 des Zivilgesetzbuches zur Anpassung der Morgengabe an den aktuellen Tageskurs

Während der Debatte im *mağles-e panğom* zu Art. 1082 Abs. 1 ZGB kam es zu heftigen Auseinandersetzungen unter den Abgeordneten. In der Öffentlichkeit blieb unklar, mit wie vielen Stimmen der Gesetzesentwurf vom *mağles-e panğom* letztlich angenommen wurde. Nach einem Bericht der Zeitschrift *zanān* gab es eine Mehrheit von nur einer einzigen Stimme zugunsten des Entwurfs.[121] Die Zeitschrift *hoġuġ-e zanān* hingegen schrieb, dass der Gesetzesentwurf mit 106 Ja-, 79 Neinstimmen und 17 Enthaltungen vom *mağles-e panğom* am 9. September 1997 (*18. šahriwar 1376*)[122] verabschiedet wurde.[123] Kurze Zeit darauf wurde

[121] Ebrāhimi, Zahrā: *ğost-o-ğu dar parwande-je zanān-e mağles-e panğom mosawwabāt-e mağles wa masā'el-e zanān* (Die Untersuchung der Akten der Frauen des fünften Parlaments- bestätigte Gesetze des Parlaments und Frauenthemen). In: *zanān*. Nr. 60, S. 9.

die Gesetzeserweiterung durch die Zustimmung des *šourā-je negahbān* als mit den islamischen Prinzipien vereinbar anerkannt. Am 3. Mai 1998 (*13. odribehešt 1377*) hatte laut *ruznāme-e rasmi* Nr. 1017370, der *heijat-e wazirān* ebenfalls die Gesetzeserweiterung mit dem Vorschlag der Nationalbank Nr. 2546 vom 3. November 1997 (*12. āzar 1376*) bestätigt. Die Nationalbank wurde vom *šourā-je negahbān* gebeten, die Inflation auszurechnen, um den aktuellen Tageszins, der eigentlich einen aktuellen Jahreszins darstellte, für die Umrechnung zu verwenden. Mit der Veröffentlichung im *ruznāme-e rasmi*[124] trat die Gesetzeserweiterung am 14. Mai 1998[125] schließlich in Kraft. Die Gesetzeserweiterung lautet wie folgt:

مادهٔ ۱۰۸۲ به مجرد عقد، زن مالک مهر می شود و می تواند هر نوع تصریفی که بخواهد در آن بنماید.

تبصره چنانچه مهریه و جه رایج باشد متناسب با تغییر شاخص قیمت سالانة زمان تأدیه نسبت به سال اجرای عقد که توسط بانک مرکزی جمهوری اسلامی ایران تعیین می گردد محاسبه و پرداخت خواهد شد مگر اینکه زوجین در حین اجرای عقد به نحو دیگری تراضی کرده باشند.

122 MEHRI, HOMĀ: *mahr diruz – emruz* (Die Morgengabe gestern – heute). In: *hoġuġ-e zanān* (Die Rechte der Frauen). Hrsg. v. Gerāmizādegān, Ašraf. 1. Jg., Nr. 8, Teheran 20. Februar–20. April 1999 *(esfand 1377/farwardin 1378)*, S. 14.

123 MEHRI, HOMĀ: *mahr diruz – emruz* (Die Morgengabe gestern – heute). In: *hoġuġ-e zanān*. Nr. 8, S. 14.

124 DAS AMTSBLATT (*ruznāme-e rasmi*): Nr. 15497 vom 14. Mai 1998 (*24. ordibehešt 1377*). Entnommen aus ZIVILGESETZBUCH (*ġānun-e madani*): Bearb. v. Ǧahāngir, Mansur. 11. Aufl., Teheran i. d. F. v. 2002 (*1381*). Im Anhang liegt jedoch DAS AMTSBLATT (*ruznāme-e rasmi*): Nr. 101737 vom 5. Mai 1998 (*15. ordibehešt 1377*) vor.

125 ZIVILGESETZBUCH (*ġānun-e madani*). I. d. F. v. 2002 (*1381*).

Art. 1082 Die Frau wird mit der Eheschließung umgehend Eigentümerin der Morgengabe und kann jegliche Verfügung über sie treffen.

Abs. 1 Im Fall, dass der Wert der Morgengabe umlaufendes Geld darstellt, wird es proportional mit dem jährlichen Umwandlungswertindex zum Zeitpunkt der Rückzahlung im Verhältnis zum Jahr der Eheschließung mit Hilfe der Berechnung der Zentralbank der Islamischen Republik Iran bestimmt. Diese muss ausgezahlt werden, es sei denn, die Eheleute haben sich während der Eheschließung im beiderseitigen Einverständnis auf andere Weise geeinigt.

Das bedeutet, dass die *mahr* von Frauen, die vor zehn, 20 oder 30 Jahren etc. geheiratet hatten, ohne ihre *mahr* erhalten zu haben, sich aber nun scheiden lassen wollten, geschieden wurden oder deren Ehemänner verstorben sind, an den aktuellen Tageszins angepasst wurde. Eine Liste über den aktuellen Tageszins wurde daraufhin in den verschiedenen staatlichen Banken des Landes ausgehängt. Die folgende Tabelle zeigt die Sätze in Bezug auf das europäische Datum, sowie in Parenthese die iranische Zeitrechnung.[126]

Zahlen-Index	Jahre	Zahlen-Index	Jahre	Zahlen-Index	Jahre
0,05	1936 (1315)	2,82	1957 (1336)	14,05	1978 (1357)
0,07	1937 (1316)	0,81	1959 (1338)	3,59	1980 (1359)
0,07	1938 (1317)	0,88	1960 (1339)	4,42	1981 (1360)
0,08	1939 (1318)	0,89	1961 (1340)	5,26	1982 (1361)
0,09	1940 (1319)	0,90	1962 (1341)	6,04	1983 (1362)
0,13	1941 (1320)	0,91	1963 (1342)	6,67	1984 (1363)
0,25	1942 (1321)	0,95	1964 (1343)	7,13	1985 (1364)
0,54	1943 (1322)	0,95	1965 (1344)	8,82	1986 (1365)
0,55	1944 (1323)	0,96	1966 (1345)	11,26	1987 (1366)

[126] Eine graphische Darstellung des Originals aus GESETZESSAMMLUNG (*maǧma'e hoǵuǵi*): Hrsg. v. Gijāhi, Ahmad u. Āǵel, Ebrāhim, Bd. 1, Teheran 2000 (*1379*). S. 151 f, wird im Anhang aufgeführt.

0,47	1945 (1324)	0,96	1967 (1346)	14,52	1988 (1367)
0,42	1946 (1325)	0,97	1968 (1347)	17,05	1989 (1368)
0,44	1947 (1326)	1,01	1969 (1348)	18,58	1990 (1369)
0,49	1948 (1327)	1,03	1970 (1349)	22,43	1991 (1370)
0,51	1949 (1328)	1,09	1971 (1350)	27,90	1992 (1371)
0,42	1950 (1329)	1,15	1972 (1351)	34,26	1993 (1372)
0,46	1951 (1330)	1,28	1973 (1352)	46,32	1994 (1373)
0,49	1952 (1331)	1,48	1974 (1353)	69,19	1995 (1374)
0,53	1953 (1332)	1,62	1975 (1354)	85,26	1996 (1375)
0,62	1954 (1333)	1,90	1976 (1355)	100	1997 (1376)
0,63	1955 (1334)	2,37	1977 (1356)	118,08	1998 (1377)
0,68	1956 (1335)	2,61	1978 (1357)	141,83	1999 (1378)
0,72	1957 (1336)	2,91	1979 (1358)		

Werte von Vermögensgegenständen, die nicht in Rial-Währung ausgedrückt sind, wie beispielsweise Gold oder Immobilien etc., bei denen eine Preissteigerung stattfand, können von einem Makler bestimmt oder im Fall von Schmuck von Juwelieren geschätzt werden. Zur Aufklärung der Frauen in Bezug auf die aktuellste Gesetzesänderung der *mahr* trug u. a. auch die Zeitschrift *hoġuġ-e zanān* mit einem Artikel bei. Darin findet sich neben der Veröffentlichung der Umrechnungstabelle auch eine Beschreibung, wie die Frauen sich die Höhe ihrer Morgengabe selbständig errechnen können. Dasselbe Magazin stellte für seine Leserschaft ein, wenn auch recht kompliziertes Beispiel dar, um sie in die Lage zu versetzen, die *mahr* zum aktuellen Tageswert selbständig zu errechnen.[127] Dieses Beispiel wird im Folgenden dargestellt:

Wenn beispielsweise der Ehemann im Jahr 1998 (*1377*) verstorben ist, sich scheiden ließ oder auf Veranlassung der Ehefrau die Ehe geschieden wurde, und die Frau einen Antrag auf Auszahlung

[127] DARWIŠI-HOWEJDĀ, YUSEF: *mohāsebe-je mahr be nerx-e ruz wa jek nazari-je mašwarati* (Eine Berechnung der Morgengabe zum Tagespreis und eine beratende Ansicht). In: *hoġuġ-e zanān* (Die Rechte der Frauen). Hrsg. v. Gerāmizādegān, Ašraf. 3. Jg., Nr. 15, Teheran 20. April–20. Juni 2000 (*ordibehešt*/xordād *1379*), S. 18 ff, (Tabelle S. 19).

ihrer *mahr* stellte, so hat sie für die Ausrechnung der Höhe der *mahr* den von der Nationalbank erstellten Indexwert des vorangegangenen Jahres, also von 1997 (*1376*) mit der mit der vereinbarten Summe der *mahr* zur Zeit der Eheschließung beispielsweise in Höhe von 10.000 *Toman* (100.000 Rial) zu subtrahieren. Den Wert muss die Frau schließlich mit dem von der Nationalbank errechneten Inflationsindex zur Zeit ihrer Eheschließung also 1968 (*1347*) dividieren.

$$\frac{\text{1997 (\textit{1376}) Index x Summe der damaligen Brautgabe}}{\text{1968 (\textit{1377}) Index}}$$

$$\frac{\text{100x10.000 \textit{Toman}}}{0{,}97}$$

Der Gesamtwert ist: 1.030.927,80 *Toman*
(10.030.927,80 Rial).

Wichtig erscheint mir zu erwähnen, dass Zeitschriften wie *zanān* von Frau Shahla Sherkat und *hoġuġ-e zanān* von Frau Ashraf Geramizadegan häufig von Hand zu Hand weitergereicht werden, so dass die Leserschaft weitaus höher ist als die gekaufte Menge dieser Zeitschriften vermuten lässt. Also wenn auch eine Statistik lediglich geringe Verkaufszahlen aufweisen sollte, so hat dies keine wirkliche Aussagekraft.

5. Die Praxis nach der Gesetzesänderung von 1998

Mit der Gesetzesänderung vom 14. Mai 1998 wurde die Umrechnung der *mahr* an den aktuellen Tageskurs gesetzlich verankert. Iranische Frauen verlangen und bekommen jedoch genauso selten wie vor der Gesetzesänderung vom 14. Mai 1998 ihre *mahr*. Je höher die Summe der geforderten *mahr* ist, desto geringer ist die Wahrscheinlichkeit einer Auszahlung der *mahr* durch den Ehemann. Dieser Zusammenhang wirkte sich nach der durch die Gesetzesänderung bewirkten rückwirkenden Erhöhung der *mahr* für zahlreiche Ehen erst recht aus. Weiterhin übertragen Ehemänner in Erwartung einer möglichen Klage von Seiten der Ehefrau ihr Vermögen auf Verwandte oder Bekannte, um der Auszahlung der *mahr* an die Ehefrau zu entgehen. Die Rechtsprechung seit der Gesetzesänderung fällt weiterhin kläglich für Frauen aus. Die Gesetzesänderung hat sich aus diesen Gründen kaum positiv für Frauen im praktischen Leben ausgewirkt.

Die Gesetzesänderung war insbesondere zum Schutz für diejenigen Frauen gedacht, die vor längerer Zeit geheiratet haben und deren Ehemänner sie heute scheiden lassen und eine neue Ehe mit einer jüngeren Frau eingehen. Aber genau diese Frauen sind aus einer anderen Generation, die sich in den vergangenen Jahren hauptsächlich mit der Erziehung ihrer Kinder beschäftigt hat und im Umgang mit Behörden wenig vertraut ist. Man wird daher kaum damit rechnen können, dass gerade diese Frauen von der Regelung Gebrauch machen werden, auch aus dem Grund, dass für sie die tatsächliche Aufwertung ihrer *mahr* durch Anpassung an den aktuellen Tageszins nicht sehr hoch ausfällt. Lediglich für jüngere Frauen, die im Regelfall eine bessere Ausbildung und aufgrund eigener Berufstätigkeit in rechtlichen Fragen gewandter sind und für die die Aufwertung rechnerisch deutlich höher ausfällt, bietet die Gesetzesänderung eine praktisch brauchbare Perspektive.

V. Zwischenfazit

Bei der ersten Kodifizierung der *mahr* im ZGB im Jahr 1931 unter der Herrschaft des Reza Schah Pahlawi wurden die Vorschriften des *ġorʿān* berücksichtigt.

Unter der Herrschaft seines Sohnes Mohammad Reza Schah Pahlawi änderte sich die Regelung der *mahr* im ZGB nicht. Mit der Einführung des FSG 1975 änderte sich jedoch die Praxis in Bezug auf die *mahr.* Indikatoren für das veränderte Verhalten der Iraner und Iranerinnen waren der Art. 8 FSG 1975 und Art. 11 FSG 1975. Diese Regelungen schafften zum einen das einseitige Scheidungsrecht des Ehemannes ab und sprachen zum anderen der Ehefrau im Falle einer von ihr unverschuldeten Scheidung einen nachehelichen Unterhalt zu. Auch die Regelung des Sorgerechts fiel nicht mehr zuungunsten der Frau aus. Mit Art. 12 FSG 1975 lag die Entscheidung über die Erteilung des Sorgerechts beim Gericht und hatte zudem das Wohl des Kindes zu berücksichtigen. [128] Die *mahr* verlor ihre Bedeutung als Druckmittel zur Kompensation der schwächeren Rechtsposition der Frau. So sank im Laufe der Zeit die Höhe der vereinbarten *mahr* auf einen nur noch symbolischen Wert. Daher wurde die *mahr* mehr und mehr als eine Art Geschenk des Ehemannes an seine Braut angesehen.

Mit der islamischen Revolution änderte sich die Rechtslage insoweit, als dass von nun an alle Gesetze, die nicht konform mit den islamischen Prinzipien waren, für ungültig erklärt wurden. Dies galt auch für weite Teile des FSG 1975. Es galt wieder uneingeschränkt das ZGB mit seinen für Frauen ungünstigeren Regelungen. So galt wieder das einseitige Scheidungsrecht durch den Ehemann sowie das Sorgerecht zugunsten des Ehemannes. Bei einer Scheidung stand der Ehefrau nun wieder kein Recht auf nachehelichen Unterhalt zu. Somit verlor sie wieder ihre finanzielle Absicherung nach einer Scheidung. Dies hatte zufolge, dass die Beträge der *mahr* wieder stark anstiegen. Inflationsbedingt sank jedoch der jeweils in früheren Zeiten festgelegte Betrag der

[128] Bergmann u. Ferid, 1989, S. 36b.

mit jedem Jahr. Es standen bis zur Gesetzesänderung im Jahr 1998 den Frauen bei einer Scheidung lediglich der zur Zeit der Eheschließung vereinbarte nominelle Betrag der *mahr* zu.

Um diesem Problem entgegenzuwirken und die *mahr* als Mittel zur Alterssicherung aufzuwerten, wurde 1998 der Art. 1082 ZGB um einen Absatz erweitert, der über eine Anpassung der *mahr* an den Tageszinssatz einen inflationsbedingten Wertverlust ausgleichen soll. Soweit bis jetzt erkennbar, werden diese Wirkungen in der Praxis kaum erzielt, denn gerade bei einer besonders werthaltigen *mahr* ist die Wahrscheinlichkeit, dass es tatsächlich zur Auszahlung kommt, recht gering.

Viertes Kapitel

Die Wahl des Präsidenten Khatami

I. Zur Person Mohammad Khatami

Seyyed Mohammad Khatami wurde 1943 in der Stadt Ardakan in der Provinz Yazd in eine gläubige Familie hineingeboren. Mit 18 Jahren ging er 1961 in die heilige Stadt Ghom, wo er sieben Jahre Philosophie studierte. Zwei Jahre nach der Beendigung dieses Studiums begann er 1970 das Studium der Erziehungswissenschaften an der Universität von Teheran. Kurze Zeit darauf erhielt er ein Auslandsstipendium. Mit 31 Jahren heiratete er seine damals 24jährige Frau. Ihre schulische Ausbildung war das Abitur. Als Summe für die *mahr* an seine Ehefrau gibt er in einem Interview mit einer Frauenzeitschrift 100.000 *Toman*[129] an.[130] Mit ihr bekam er drei Kinder: zwei Töchter und einen Sohn. Seine älteste Tochter heißt Leila und studierte 1997 an der Teheraner Universität Mathematik. Die jüngere Tochter heißt Narges und war 1997 noch Schülerin. Sein Sohn heißt Seyyed Emad Al Din und ist das jüngste Mitglied der Familie.[131]

Durch die Heirat seines Bruders Mohammad Reza Khatami mit einer Enkelin des verstorbenen Religionsführers ergab sich ein verwandtschaftliches Verhältnis zu Ayatollah Khomeini. Auf den Vorschlag von Ayatollah Beheschti hin wurde Mohammad

[129] Der Währungskurs im Jahr 1974 lag nach Auskunft von Herrn Mostedjāb aus der Bank Melli in Hamburg bei ungefähr 1 DM = 24 Rial = 2,4 *Toman*. Demnach waren 100.000 *Toman* = 41.666,67 DM. 1974 kostete ein Hin- und Rückflug aus dem Iran nach Berlin 2.700 *Toman*. Anhand des damaligen Flugpreises soll deutlich gemacht werden, wie viel 100.000 *Toman* Wert waren. Dem entgegen steht der aktuellste Währungskurs Ende Mai 2002 bei ungefähr 1 Euro = 729 *Toman*. Ein Hin- und Rückflugticket aus dem Iran nach Hamburg kostete im Juni 2002 700.000 *Toman* = 960,22 Euro = 1878,03 DM.

[130] Ohne Verfasserangabe: *xātami dar bāreje zanān če migujad?* (Was sagt Khatami über Frauen?). In: *zanān* (Die Frauen). Hrsg. v. Šerkat, Šahlā. 6. Jg., Nr. 34, Teheran 21. April–21. Mai 1997 (*ordibehešt 1376*), S. 2-5. (Vollständiges Interview mit Khatami)

[131] Ohne Verfasserangabe: *xātami dar bāreje zanān če migujad?* (Was sagt Khatami über Frauen?). In: *zanān*. Nr. 34, S. 2 ff.

Khatami von 1978 bis 1980 Leiter der Emam Ali Moschee an der Alster in Hamburg. Im Herbst 1980 wird er zum Parlamentsabgeordneten für seine Geburtsstadt Ardakan gewählt und von Ayatollah Khomeini zum Leiter der staatlichen Zeitung ›Die Welt‹ *kejhān* ernannt.

In den Jahren 1982 bis 1992 war Khatami iranischer Kultusminister. Während dieser Zeit erlebten die iranische Musik und der iranische Film wie auch weitere kulturelle Einrichtungen einen eindrucksvollen Aufschwung. Die Gründung der Farabi-Stiftung und die Einführung des Fadjr-Filmfestival 1983 fielen in seine Amtszeit.[132] Mit der Begründung des Fadjr-Filmfestivals sollten iranische Regisseure motiviert werden, mehr Filme zu produzieren.[133]1983 gab es im Iran lediglich 24 Filmproduktionen, 1997 hingegen wurden 63 Neuproduktionen gezählt.[134] Auf die Freizügigkeit bei Zulassungen von modernen und sozialkritischen Filmen soll es zurückzuführen sein, dass er in einen Konflikt mit der zu jener Zeit herrschenden Führung des Landes geriet, was schließlich zum Verlust des Ministeramts führte.

Daraufhin folgte eine Zwangsversetzung als Direktor der iranischen Nationalbibliothek, bis Khatami überraschend am 23. Mai 1997 *ra'is ğomhur* der islamischen Republik Iran wurde.

Khatami gehört dem liberalen und reformorientierten islamischen Flügel der iranischen Führung an. Noch vor der Präsidentschaftswahl sprach er sich für mehr Rechte und Freiheiten für Frauen, Jugendliche und Intellektuelle aus. Für diese Freiheiten, die seiner Meinung nach immer unter Berücksichtigung der islamischen Regeln und der iranischen Verfassung zu betrachten sind, hatte er sich während seines Wahlkampfes stets ausgesprochen.

[132] Gandjine-Wisotzki, Nasrin: Das iranische Kino der Gegenwart im Überblick. Hrsg. v. d. Kulturabteilung der Islamischen Republik Iran. Teil 1, 11. Jg., Spektrum Iran, Bonn 1998, S. 53.

[133] Gandjine-Wisotzki, Nasrin, 1998, S. 56.

[134] Gandjine-Wisotzki, Nasrin, 1998, S. 53.

II. Die Wahl des Präsidenten Khatami im Jahr 1997

Für die Präsidentschaftswahlen 1997 bewarben sich 238 Personen, darunter neun Frauen.[135] Wie in der Verfassung vorgesehen, wurden vier Personen als Kandidaten für das Präsidentenamt zugelassen. Die Aufgabe der Auswahl unter den Bewerbern fällt in den Entscheidungsbereich des *šourā-je negahbān.* Zugelassene Kandidaten waren Ali Akbar Nategh Nuri, Mohammad Khatami, Mohammad Reyschari und Reza Savarei. Von den vier Kandidaten wurden allein Ali Akbar Nategh Nuri sowie Mohammad Khatami realistische Chancen beigemessen.

Nategh Nuri wurde vom *rahbar* Ali Akbar Khamenei vorgeschlagen und vertrat die fundamentalistische Linie des Islams. Ein Sieg der fundamentalistisch-konservativen Kräfte des Islams hätte sicherlich noch stärkere Einschränkungen der Rechte und damit auch der Freiheiten für Jugendliche und Frauen zur Folge gehabt. Die Chancen auf Wählerstimmen von Frauen und Jugendlichen, die in der iranischen Gesellschaft eine Mehrheit des Wählerpotentials ausmachen, wurden gering eingeschätzt. Nur so lässt sich erklären, warum sich die Frauenzeitschrift *zanān* wagte, ein nicht zustande gekommenes Interview mit dem Präsidentschaftskandidaten Nategh Nuri, mit zweideutigen und provokanten Fragen an ihn zu veröffentlichen.[136]

Mohammad Khatami trat für mehr Meinungsfreiheit und die Wahrung der Menschenrechte im Rahmen der islamischen Ordnung ein. Weiter vertrat er die Meinung, dass Frauen keine Bürger zweiter Klasse seien, sondern im Rahmen der islamischen Ordnung gleiche Rechte haben sollten. Dabei stützte er sich auf

[135] Ohne Verfasserangabe: Gemäßigter Mullah wird neuer iranischer Staatspräsident. In: FAZ. 26. Mai 1997.

[136] Ohne Verfasserangabe: *porseš-hā-i bi pāsox-e maǧalle-e zanān az āġā-je nāteġ-e nuri, nāmzad-e rijāsat ǧomhuri* (Die unbeantworteten Fragen der Zeitschrift *zanān* an Herrn Nategh Nuri, Präsidentschaftskandidat). In: *zanān* (Die Frauen). Hrsg. v. Šerkat, Šahlā. 6. Jg., Nr. 34, Teheran 21. April–21. Mai 1997 (*ordibehešt 1376*), S. 5.

Art. 20 GG, wonach alle Bürger des Landes, ob Mann oder Frau, gleichen Schutz vor dem Gesetz haben und beiden Geschlechtern mit Rücksicht auf die islamischen Prinzipien, alle Menschenrechte sowie politischen, wirtschaftlichen, sozialen und kulturellen Rechte gleichermaßen zustehen. Auch würden einige Ungerechtigkeiten gegenüber Frauen religiös begründet, weshalb es neuer religiöser Auslegungen bedürfte.

Aus diesen Ansichten Mohammad Khatamis schloss die Wählerschaft, dass dann, wenn Khatami die Wahl gewinnen würde, er neue und für Frauen und Jugendliche günstigere religiöse Auslegungen des Islams umsetzen würde. Ein Beispiel der unterschiedlichen Auslegung der Religion spiegelte sich bis dahin auch in der Frage wider, ob Frauen das Präsidentenamt bekleiden dürfen. Wenn Frauen also das gleiche politische Recht haben, ohne dass sie damit die Prinzipien des Islams in Frage stellen, so sollten sie theoretisch doch auch Präsidentin oder gar geistliche Führerin werden können. Praktisch wird dies bis in die Gegenwart von der konservativen Seite mit Hilfe ihrer Kontrollorgane verhindert. Nach Auffassung der Konservativen können nur Männer das Präsidentenamt einnehmen. Liberale Kräfte und insbesondere Frauen weisen darauf hin, dass auch Frauen die Präsidentschaft übernehmen dürfen. Hier wird um den Begriff Mann oder auch Persönlichkeit (*reğāl*) gestritten.[137]

Mohammad Khatami ging schließlich mit 20 Mio. Stimmen, d.h. mit 70 Prozent der Stimmen, als klarer Sieger aus der Wahl hervor. An zweiter Stelle lag Ali Akbar Nategh Nuri mit wenig mehr als 7 Mio. Stimmen. Die beiden absoluten Verlierer der Wahl, Mohammad Reyschari und Reza Savarei, erhielten weniger als vier Prozent der Stimmen.

[137] Ebady, Shirin: History and Documentation of Human Rights in Iran. Bibliotheca Persica Press, New York 2000, S. 112.

III. Die Wahl des Präsidenten Khatami im Jahr 2001

Nach Ablauf der ersten Amtsperiode wurde Khatami am 8. Juni 2001 erneut mit einer Mehrheit der Stimmen aus der Bevölkerung zum *ra'is ğomhur* der islamischen Republik Iran gewählt. Diesmal fielen 77 Prozent der Stimmen auf Khatami, jedoch sank die Wahlbeteiligung von 83 auf 67 Prozent.[138]

Neben Khatami standen erneut nur konservative Kandidaten zur Wahl, die für die Jugendlichen, Frauen und Intellektuellen im Land für das Präsidentenamt als unwählbar galten. Hätte der konservative *šourā-je negahbān* die Ablehnung Khatamis als Kandidat zur Präsidentenwahl von 2001 durchgesetzt, so hätte der *šourā-je negahbān* den Zorn der Bevölkerung weiter auf sich gezogen. Den konservativen Kräften des Landes erschien es daher klüger, einen friedfertigen Reformer zur Beruhigung der Bevölkerung zuzulassen, anstatt unnötige Unruhen aufkommen zulassen.

Diesmal aber waren die Intentionen der Iraner, abermals überwiegend die der Frauen, Jugendlichen und Intellektuellen, anders. Obgleich Khatami nach seiner ersten Wahl zum *ra'is ğomhur* eine Frau als Vizepräsidentin[139] in sein Kabinett geholt, für sich nach und nach immer mehr weibliche Beraterinnen eingestellt hatte und seinen guten Willen gegenüber Frauen zum Ausdruck hatte bringen wollen, blieben seine Amtshandlungen hinter den Erwartungen seiner Wähler zurück. Denn diese hatten sich mit seiner Wahl weitreichendere Gesetzesänderungen in Bezug auf eine Erweiterung ihrer Rechte und damit einhergehend mehr Freiheiten versprochen. Einige waren anfänglich sogar so weit gegangen, Khatami den Gorbatschow Irans zu nennen, der eine komplette Abschaffung der islamischen Republik Iran herbeiführen sollte.

Schon bald aber waren die Intellektuellen des Landes von den im Wahlkampf von Khatami versprochenen Reformversuchen enttäuscht, da ihnen die Entwicklung in Fragen der Meinungsfrei-

[138] http://www.nadir.org/nadir/periodika/jungleworld/2001/25/21b.htm

[139] Ohne Verfasserangabe: Eine Frau wird in Iran Vizepräsidentin. In: FAZ. 25. August 1997.

heit und anderer bürgerlicher Freiheiten zu gering war. Es kam zu zahlreichen repressiven Maßnahmen, u. a. auch die immer wieder von der konservativen Regierung bestimmten Verbote von reformorientierten Zeitungen, die jedoch aufgrund der Machtaufteilung immer wieder unter neuem Namen herausgegeben wurden. Die Konservativen hatten nämlich die Befähigung Zeitschriften, die ihrer Meinung nach, vertreten durch den Justizapparat, unislamische Äußerungen verbreiteten, zu verbieten. Das Kultusministerium, das in den Bereich der Reformer um Khatami fiel genehmigte ständig Neuerscheinungen von staatsunabhängigen Tageszeitungen. In den Tageszeitungen äußerten auch die Intellektuellen ihre Kritiken und Vorstellungen an und für den iranischen Staat. Diese Intellektuellen waren den konservativen Machthabern ebenfalls ein Dorn im Auge, so dass es schließlich zu den so genannten »Kettenmorden« (*ġatl-e zanğir-i*) in den Jahren 1998/99 kam. Die Kettenmorde wurden auch umgehend über die staatsunabhängige Presse, den Konservativen zugeschrieben.

Im Sommer 1999 kam es zu den ersten Studentenunruhen seit der islamischen Revolution 1979. Anlass der Studentenunruhen war die vorangegangene Schließung mehrere reformorientierter Tageszeitungen, die seit der Wahl Khatamais zum Präsidenten eine enorme Auflagenstärke und- Zeitungsvielfalt darbot. Erstmals wurde wahre Kritik an Missstände der iranischen Führung geäußert. Sogar die Auslegung des *ġor'ān* durch die iranische Führung wurde über die staatsunabhängigen Medien angezweifelt. Der inzwischen hohe Bildungsstand der Jugendlichen, sowie eine erweiterte Möglichkeit der Wissensbildung durch das Satellitenfernsehen und dem Zugang des Internets verschärften den Wunsch nach Freiheit und Demokratie. Die Anfangs noch ruhig verlaufenden Demonstrationen der Studenten wurden jedoch nach ein paar Tagen blutig beendet. Die Hoffnung, Präsident Khatami würde zu ihren Wünschen stehen, wurde enttäuscht. Khatami bat die Studenten zur Ruhe auf und zog sich aus den öffentlichen Auftritten zugunsten der Wünsche der Studenten zurück. So musste die Bevölkerung einsehen, dass auch Khatami, wenn auch ein reformorientierter *mollā*, ein Teil des Systems darstellte und ihm kein Interesse daran lag, dieses System durchgreifend zu ändern. Besonders die Intellektuellen waren enttäuscht, da ihnen die Entwicklung in Fragen der Meinungsfreiheit und anderer bürgerlicher Freiheiten zu gering war. Es kam zu zahlreichen repressiven Maßnahmen, von denen die so genannten »Kettenmorde« (*ġatl-e zanǧir-i*), eine den Konservativen zugeschriebene Mordserie an Schriftstellern und Journalisten in den Jahren 1998/99, den Höhepunkt bildeten.

Immerhin aber hatten während der ersten Amtsperiode Khatamis Übergriffe auf »politisch unbedeutende« Teile der Bevölkerung, die sich entgegen den islamischen Vorstellungen der konservativen Geistlichen im Land verhielten, nachgelassen. So konnten beispielsweise Frauen mit bunteren Kopftüchern, kürzeren Mänteln und offenen Schuhen auf die Straße gehen und auch Jugendliche freizügiger in den Straßen iranische Popmusik hören, ohne von den bis dahin gefürchteten Sittenwächtern (Pl. *pāstārān*) beleidigt, geschlagen oder gar auf ein Polizeipräsidium abgeführt zu werden. Dieser Zustand sollte nicht durch die Wahl eines konservativen *ra'is ǧomhur* gefährdet werden, so dass die Mehrheit trotz einiger Enttäuschungen erneut Khatami ihre Stimme gab.

Fünftes Kapitel

Der Zusammenhang zwischen der veränderten Rechtslage und dem Präsidenten Mohammad Khatami

Nach der islamischen Revolution unter Einführung einer neuen Verfassung änderte sich die rechtliche Situation zuungunsten der Frau. Die neue Verfassung sah die Konformität aller bis dahin geltenden Gesetze mit den islamischen Prinzipien vor. Somit wurden jene Teile des FSG 1975, die nach dem neuen Verständnis gegen das islamische Recht verstießen, stillschweigend außer Kraft gesetzt. Bis auf die Beibehaltung der gerichtlichen Scheidung, die 1967 eingeführt worden war, gingen die liberalen Errungenschaften für die Frauen verloren. Praktisch war damit die Rechtslage von 1935 wieder hergestellt.

Die Bestrebungen verschiedener Verbände und Organisationen, gleichgültig ob staatlich geförderte oder auch NGOs, sowie einzelner Personen zielten kurze Zeit nach der islamischen Revolution auf die Wiederherstellung der Gesetzeslage von vor 1979 ab, insbesondere die Bestimmungen des FSG 1975. Dies war in einem *aġdnāme* durch entsprechende Klauseln zwar weitestgehend möglich, man wollte aber eine gesetzliche Verankerung.

Im Unterschied zur vorrevolutionären Zeit wird die Tendenz sichtbar, dass die Reformbestrebungen des Gesetzgebers nicht von »oben« oktroyiert sind, sondern als populäre Bewegung verstanden werden können.

Gefördert wurde die Reformbewegung – von den Staatsorganen eher unbeabsichtigt – durch die wechselnden Positionen, die den Frauen in der iranischen Gesellschaft zugedacht wurden. Die Frauen waren aktiv an der islamischen Revolution beteiligt, wurden aber danach in eine passive Rolle, vor allem in den Haushalt, zurückgedrängt. Sie mußten während des Krieges mit dem Irak die Rolle der Ehemänner einnehmen und eine gewisse Selbständigkeit erlangen, die sie jedoch nach Kriegsende wieder an die Männer abtreten sollten.

Das führte zu einem neuen Bewußtsein der Frauen, die sich ihrer Fähigkeiten gewahr wurden und das Bedürfnis verspürten, weiterhin die Rollen, die sie vormals innehatten, mit allen Rechten und Pflichten einzufordern. Hinzu kam der Zugang zu Massenmedien mittels Satelliten, Internetzugängen und Printmedien, die regelmäßig auf rechtliche Mißstände im Land hinwiesen. Der verbesserte Bildungsstand der Frauen schließlich beeinflußte diese Entwicklung ebenfalls.

Die Berufung auf das islamische Recht in seiner patriarchalischen Ausgestaltung, die den Frauen den Platz einer gehorsamen Ehefrau und Mutter zuwies, führte dazu, dass das islamische Recht auch als Instrument der Frauen entdeckt wurde, und alle Schutzmaßnahmen für die Frau, die das islamische Recht vorsieht, hervorgehoben und eingefordert wurden.

Man kann also von einem neuen Rechtsbewußtsein der iranischen Frauen sprechen. Die Reformbestrebungen zielen auf die Wiederherstellung der Rechtslage des FSG 1975, insbesondere in Bezug auf die Abschaffung der grundlosen Scheidung durch den Ehemann, die Neuordnung des Sorgerechts mit der Ausrichtung zum Wohl des Kindes und einen nachehelichen Unterhalt.

Die Reformbewegungen begannen also unabhängig vom Einfluss Mohammad Khatamis bereits lange vor seiner Wahl zum *ra'is ǧomhur*. Seine religiöse Autorität jedoch verlieh der auch von ihm besonders unterstützten Argumentation, das islamische Recht verlange nach mehr Rechten der Frauen, besonderes Gewicht. Diese religiöse Autorität besaß Khatami jedoch schon als religiöser Würdenträger. Seine Kandidatur rückte ihn und die von ihm vertretene Position jedoch weiter ins Rampenlicht der öffentlichen Diskussion.

Die Wahl Khatamis als solche wurde allgemein als Ermutigung der Reformer, insbesondere der weiblichen, verstanden. Deren Bemühungen in der Folgezeit wirkten sich jedoch kontraproduktiv aus, da der *šourā-je negahbān* mehr Gesetze als je zuvor als unislamisch ablehnte. Dies betraf insbesondere Gesetzesvorhaben zugunsten der Frau.

Wollte man Khatami also eine Rolle in Bezug auf die Reformen zugunsten der Frau zuordnen, so läge diese in einer psychologischen Stärkung dieser Bestrebungen, vor allem durch seine Äußerungen kurz vor und kurz nach den Präsidentschaftswahlen von 1997. Eine direkte Einflussnahme und eine positive Steuerungsrolle aufgrund seines Präsidentenamts konnte Khatami mangels der erforderlichen rechtlichen Befugnisse nicht ausüben. Es lässt sich somit sagen, dass der Kandidat Khatami für seine Wählerschaft mehr erreichte als der Präsident Khatami.

Anhang

ZEITTAFEL

1902	Ayatollah Ruhollah Musawi Hendi Khomeini wird in der Stadt Khomein geboren.
08.08.1906	Mozaffar-e Din Schah eröffnet das erste Parlament.
09.08.1906	Das erste Parlament in der Geschichte Persiens wird eröffnet.
09.09.1906	Das Wahlgesetz tritt in Kraft. Frauen haben gemäß Art. 3 und 5 ausdrücklich kein Wahlrecht.
1908	Im Iran werden Erdölfelder entdeckt.
01.07.1909	Das Wahlgesetz wird reformiert und tritt in Kraft. Frauen haben weiterhin kein Wahlrecht.
23.12.1911	Etwa 300 verschleierte Frauen stürmen mit dem Schleier bekleidet und darunter mitgeführten Waffen das Parlament und bitten die Abgeordneten die Auflösung des zweiten Parlaments zu verhindern.
15.08.1931	Das Eheschließungs- und Ehescheidungsgesetzt (EuEG) wird vom Parlament verabschiedet.
23.09.1931	Das Eheschließungs- und Ehescheidungsgesetzt (EuEG) tritt in Kraft.
07.01.1936	Das Verschleierungsverbot (*kašf-e heğāb*) wird von Reza Schah Pahlawi verhängt. Jeder Frau die sich nicht an das Verschleierungsverbot in der Öffentlichkeit hält soll der Tschador oder das Kopftuch, auf Anordnung von Reza Schah Pahlawi, dieser von Polizisten abgenommen werden. Dies führte später dazu, dass ein Teil der weiblichen Bevölkerung erst gar nicht mehr das Haus verließ.
1938	Den Frauen wird erstmals der Zugang zu Universitäten eröffnet wie auch der Weg in hohe Ämter gestattet.
15.06.1967	Das Familienschutzgesetz (FSG 1967) (*ġānun-e hemājat-e xānewāde*) wird vom Parlament verabschiedet.
03.07.1967	Das Familienschutzgesetz (FSG 1967) (*ġānun-e hemājat-e xānewāde*) tritt in Kraft.
1974	Mit der Einführung des Art. 1173 ZGB wird Frauen das Sorgerecht erleichtert.
12.02.1975	Das Familienschutzgesetz (FSG 1967) (*ġānun-e hemājat-e xānewāde*) wird durch das Familienschutzgesetz (FSG 1975) ersetzt und tritt in Kraft. Das Familienschutzgesetz (FSG 1967) wird ausdrücklich außer Kraft gesetzt.
03.03.1975	(*12. esfand 1353*) Familienschutzgesetz (FSG 1975) (*ġānun-e hemājat-e xānewāde*) wird im Amtsblatt unter der Nr. 8785 veröffentlicht.

1968 Erstmals wird eine Frau Minister. Frau Dr. Farrokhruh Parsa wird Ministerin für Bildung und Erziehung. Im Verlauf der Revolution wird sie als Hure tituliert und hingerichtet.

1997 (*1376*) verabschiedet das fünfte nachrevolutionäre Parlament eine Gesetzesänderung zu Art. 1173 ZGB, wonach der Frau das Sorgerecht *hezānat-e tefl* erleichtert werden soll. Es soll nun zum Wohle des Kindes entschieden werden.

23.05.1997 Nach den Präsidentschaftswahlen in der Islamischen Republik Iran geht der liberale Kandidat Mohammad Reza Khatami mit fast 70 Prozent der Wählerstimmen als klarer Sieger hervorgeht. Erstmals seit der islamischen Revolution äußerte das iranische Volk seinen Willen nach Liberalität durch seine Wählerstimme.

23.08.1997 Erstmals nach der islamischen Revolution wird eine Frau zur Vizepräsidentin ernannt. Präsident Mohammad Reza Khatami ernennt die in den USA ausgebildete Chemikerin Massumeh Ebtekar zur Vizepräsidentin. Frau Massumeh Ebtekar war jedoch in jungen Jahren, als Studentin, aktiv an der Geiselnahme der Mitarbeiter der US-Botschaft in Teheran beteiligt.

1998 (*1377*) 396 Personen bewerben sich für die Kandidatur zur Wahl des Expertenrats. Unter den Bewerbern finden sich neun Frauen.

13.10.1998 Der Wächterrat lehnt ein vom fünften Parlament verabschiedetes Gesetz zur Geschlechtertrennung in Krankenhäusern ab.

06.04.1999 (*17. farwardin 1378*) Die vierzehntägige Frauenzeitung ›Die Frau‹ *zan* von Frau Fa'ezeh Haschemi, der Tochter vom ehemaligen Staatspräsidenten Rafsandjani, wird verboten. Der Anlass für das Verbot war die Ablichtung des Neujahresgrußes der Königin Farah Diba an das iranische Volk.

1999 (*1377*) 333.946 Personen bewerben sich für die Kandidatur zur sechsten Parlamentswahl. Unter den Bewerbern finden sich 7251 Frauen.

08.06.2001 Der Präsidentschaftskandidat Mohammad Khatami gewinnt mit absoluter Mehrheit die Präsidentschaftswahlen. Es fallen 77 Prozent der Wählerstimmen auf ihn. Diesmal jedoch sank die Wahlbeteiligung von 1997 mit 83 Prozent auf 67 Prozent.

Glossar

Amtsarzt (der)	*pezešk-e ġānuni*
Amtsblatt (das)	*ruzname-e rasmi*
Bescheinigung über die Unmöglichkeit einer Versöhnung (die)	*gawāhi-e adam-e emkān-e sāzeš*
dritte Parlament (das)	*mağles-e sewom*
Ehe auf Zeit (die)	*siġe*
Ehevertrag (der); Heiratsurkunde (die)	*aġdnāme*
Eigentümer; Besitzer (der)	*mālek*
einvernehmliche Scheidung, bei der die Ehefrau dem Ehemann eine etwas geringere Summe als ihre vereinbarte Morgengabe auszuzahlen hat (die)	*talāġ-e mobārāt*
einvernehmliche Scheidung, bei der die Ehefrau dem Ehemann eine Summe in Höhe der vereinbarten Morgengabe zu zahlen hat (die)	*talāġ-e xol'i*
Expertenrat (der)	*šourā-je xebregān*
Familienschutzgesetz (das)	*ġānun-e hemājat-e xānewāde*
Feststellungsrat (der)	*mağma'e tašxis-e maslahat-e nezām*
fünfte Parlament (das)	*mağles-e panğom*
nacheheliche finanzielle Abfindung für Leistungen der Ehefrau, die sie während des Ehelebens erbracht hat, und die nicht zu ihren ehelichen Pflichten zählen (die)	*oğrat ol mesl*
Frauenkommission (die)	*komisijon-e zanān*
Frauen (Pl. die)	*zanān*
Geistliche (der)	*ruhāni*, Pl. *ruhāniān* o. a. *mollā*
Gewohnheitsrecht in der Gesellschaft (das)	*orf-e ğāme-e*
Gewohnheitsrecht (das)	*orf*
Hadd-Tatstrafbestand (der)	*hadd*
Hadithen (Pl. die)	*ahādis*
Härte und Bedrängnis (die)	*osr o harağ*
Islamische Republik Iran (die)	*ğomhuri-e eslami-e irān*
islamische Revolution (die)	*enġelāb-e eslāmi*
juristische Beisitzerin (die)	*mošāwer-e zan*
Kettenmord (der)	*ġatl-e zanğir-i*

Koran (der)	*ġor'ān*
Ministerrat (der)	*heijat-e wazirān*
Morgengabe; Brautgabe (die)	*mahr* o. a. *mahrije*
Morgengabe, die bei der Eheschließung festgelegt werden muss (die)	*mahr ol musammā*
Morgengabe, die bei der Eheschließung festgelegt wird aber zu einem späteren Zeitpunkt entrichtet werden kann (die)	*mahr-e mo'aǧǧal*
Morgengabe, die bei der Eheschließung festgelegt und umgehend an die Frau ausgezahlt wird (die)	*mahr-e hāl*
Morgengabe, die nach der Eheschließung festgelegt wird (die)	*mahr ol mesl*
Morgengabe, die je nach finanzieller Möglichkeit des geschiedenen Mannes festgelegt wird (die)	*mahr ol muta'ā*
Notariatsbüro für Eheschließungs- und Ehescheidungsangelegenheit (das)	*daftar-e ezdewāǧ wa talāġ*
Opium (das)	*tarjāk*
Parlament (das)	*rā-je maǧles-e eslāmi*
Imam (der)	*emām*
Persönlichkeit (die);	
Mann (der)	*reǧāl*
Rechte der Frauen (die Pl.)	*hoġuġ-e zanān*
Rechtsgelehrte (der)	*faġih*, Pl. *foġahā'*
Regierung des Staates durch Geistliche (die)	*welājat-e faġih*
Registrierungsbehörde (die)	*edāre-e zabt-e ahwāl*
Religionsführer (der)	*rahbar*
Schiedsrichter (der)	*dāwar*
Sechste Parlament (das)	*maǧles-e šešom*
Sittenwächter (die Pl.)	*pāstārān*
Staatspräsident (der)	*ra'is ǧomhur*
Tazir-Tatstrafbestand (der)	*ta'zir*
Toman (inoffizielle iran. Währung) (der)	*toman*
Unmöglichkeit einer Versöhnung (die)	*adam-e emkān-e sāzeš*
Unterhaltszahlung (die)	*nafaġe*
Verfassung (die); Grundgesetz (das)	*ġānun-e asāsi*
Verstoßung; Scheidung (die)	*talāġ*
Wächterrat (der)	*šourā-je negahbān*
Welt (die)	*kejhān*
Zivilgesetzbuch (das)	*ġānun-e madani*

MACHTAUFBAU DER ISLAMISCHEN REPUBLIK IRAN

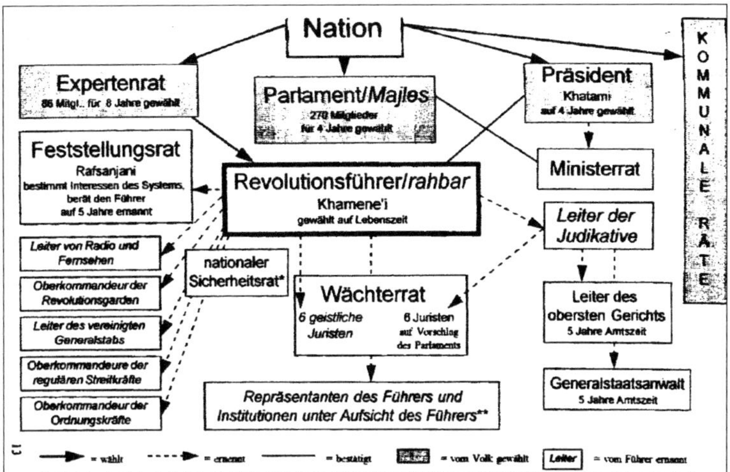

* Mitglieder sind: Leiter der Exekutive, Legislative und Judikative, Vorsitzender des Feststellungsrats; Leiter des Obersten Kommandorats der Streitkräfte, Leiter der Plan- und Budgetorganisation, zwei Repräsentanten des Führers; Außen-, Innen- und Geheimdienstminister.

** Revolutionäre Stiftungen (*bonyād*), Oberster Rat der Kulturrevolution; Landverteilungskomitees; Organisation der Freitagsprediger; Islamische Propagandaorganisation, Alphabetisierungsbewegung.

© Johannes Reissner, 1999

UMRECHNUNGSTABELLE DER NATIONALBANK ZUR ERRECHNUNG DER MORGENGABE[140]

سال	عدد شاخص
۱۳۴۱	۰/۹۰
۱۳۴۲	۰/۹۱
۱۳۴۳	۰/۹۵
۱۳۴۴	۰/۹۵
۱۳۴۵	۰/۹۶
۱۳۴۶	۰/۹۶
۱۳۴۷	۰/۹۸
۱۳۴۸	۱/۰۱
۱۳۴۹	۱/۰۳
۱۳۵۰	۱/۰۹
۱۳۵۱	۱/۱۵
۱۳۵۲	۱/۲۸
۱۳۵۳	۱/۴۸
۱۳۵۴	۱/۶۲
۱۳۵۵	۱/۹۰
۱۳۵۶	۲/۳۷
۱۳۵۷	۲/۶۱
۱۳۵۸	۲/۹۱
۱۳۵۹	۳/۵۹

سال	عدد شاخص
۱۳۶۰	۴/۴۲
۱۳۶۱	۵/۲۶
۱۳۶۲	۶/۰۴
۱۳۶۳	۶/۶۷
۱۳۶۴	۷/۱۳
۱۳۶۵	۸/۸۲
۱۳۶۶	۱۱/۲۶
۱۳۶۷	۱۴/۵۲
۱۳۶۸	۱۷/۰۵
۱۳۶۹	۱۸/۵۸
۱۳۷۰	۲۲/۴۳
۱۳۷۱	۲۷/۹۰
۱۳۷۲	۳۴/۲۶
۱۳۷۳	۴۶/۳۲
۱۳۷۴	۶۹/۱۹
۱۳۷۵	۸۵/۲۶
۱۳۷۶	۱۰۰/۰۰
۱۳۷۷	۱۱۸/۰۸
۱۳۷۸	۱۴۱/۸۳

بانک مرکزی جمهوری اسلامی ایران

شاخص کل بهای کالاها و خدمات مصرفی در مناطق شهری ایران

اعداد سالانه شاخص در سالهای ۱۳۷۸ ـ ۱۳۱۵

(۱۰۰ = ۱۳۷۶)

سال	عدد شاخص
۱۳۱۵	۰/۰۵
۱۳۱۶	۰/۰۷
۱۳۱۷	۰/۰۷
۱۳۱۸	۰/۰۸
۱۳۱۹	۰/۰۹
۱۳۲۰	۰/۱۳
۱۳۲۱	۰/۲۵
۱۳۲۲	۰/۵۴
۱۳۲۳	۰/۵۵
۱۳۲۴	۰/۴۷
۱۳۲۵	۰/۴۲
۱۳۲۶	۰/۴۴
۱۳۲۷	۰/۴۹

سال	عدد شاخص
۱۳۲۸	۰/۵۱
۱۳۲۹	۰/۴۲
۱۳۳۰	۰/۴۶
۱۳۳۱	۰/۴۹
۱۳۳۲	۰/۵۳
۱۳۳۳	۰/۶۲
۱۳۳۴	۰/۶۳
۱۳۳۵	۰/۶۸
۱۳۳۶	۰/۷۱
۱۳۳۷	۰/۷۲
۱۳۳۸	۰/۸۱
۱۳۳۹	۰/۸۸
۱۳۴۰	۰/۸۹

140 Entnommen aus GESETZESSAMMLUNG (*mağma'e hoġuġi*). S. 151 f.

DAS AMTSBLATT ZU ARTIKEL 1082 ABSATZ 1 DES ZIVILGESETZBUCHES

قوهٔ قضائیه

روزنامهٔ رسمی جمهوری اسلامی ایران

شامل: قوانین - مذاکرات مجلس شورای اسلامی - تصمیم نامه‌ها - قراردادها - رویه‌های قضائی
اساسنامه‌ها - تصویبنامه‌ها - آئیننامه‌ها - بخشنامه‌ها و آگهیها

قوانین و مقررات عمومی

بسم الله الرحمن الرحیم

مارہ ۵۶۲/دش ۱۳۷۷/۲/۷

دربارهٔ عضویت دو نفر اعضای جدید هیأت بررسی محتوا و ساختار جدید شورای عالی

مصوبهٔ چهارصدوهفدهمین جلسهٔ مورخ ۷۷/۱/۲۵ شورای عالی انقلاب فرهنگی)

پیشنهاد عضویت آقایان دکتر علی منتظری مقدم و مهندس محمد باقریان عنوان اعضای جدید هیأت بررسی محتوا و ساختار جدید شورای عالی مطرح شد و تصویب رسید.

رئیس جمهور و رئیس شورای عالی انقلاب فرهنگی - سید محمد خاتمی

مارہ ۱۰۱۷۳۷/ت۱۹۰۰۸هـ ۱۳۷۷/۲/۱۵

ارت دادگستری- وزارت امور اقتصادی و دارایی - بانک مرکزی جمهوری اسلامی ایران

هیأت وزیران در جلسه مورخ ۱۳۷۷/۲/۱۳ بنا به پیشنهاد شماره ۲۵۴۶/هـ ورخ ۱۳۷۶/۹/۱۲ بانک مرکزی جمهوری اسلامی ایران و به استناد قانون الحاق ک تبصره به ماده (۱۰۸۲) قانون مدنی -مصوب ۱۳۷۶- آیین‌نامه اجرایی قانون دشده را به شرح زیر تصویب نمود:

آیین‌نامه اجرایی قانون الحاق یک تبصره به ماده (۱۰۸۲) قانون مدنی

ماده ۱- چنانچه مهریه وجه رایج باشد مرجع صالح بنا به درخواست هر یک از وجین میزان آن را با توجه به تغییر شاخص قیمت سال زمان تأدیه نسبت به سال قوع عقد محاسبه و تعیین می‌نماید.

تبصره- در صورتی که زوجین در حین اجرای عقد درخصوص محاسبه پرداخت مهریه وجه رایج به نحو دیگری تراضی کرده باشند مطابق تراضی ایشان مل خواهد شد.

ماده ۲- نحوه محاسبه مهریه وجه رایج بدین صورت است:

متوسط شاخص بها در سال قبل، تقسیم بر متوسط شاخص بها در سال وقوع قد، ضربدر مهریه مندرج در عقدنامه.

ماده ۳- در مواردی که مهریه زوجه باید از ترکه زوج متوفی پرداخت شود تاریخ وت مبنای محاسبه مهریه خواهد بود.

ماده ۴- بانک مرکزی جمهوری اسلامی ایران مکلف به انجام موارد زیر ی‌باشد:

الف- شاخصهای بهای سالهای قبل از اجرای این قانون را تهیه و در اختیار قوه ضاییه قرار دهد.

ب- شاخص بهای مربوط به هر سال را به طور سالیانه حداکثر تا پایان خردادماه هیه و به قوه قضاییه اعلام نماید.

ماده ۵- دادگاهها و ادارات ثبت اسناد و املاک موظفند در محاسبه میزان مهریه وجه رایج مطابق ماده (۲) و در تعیین تغییر شاخص قیمت مهریه براساس شاخصهای مقرر در ماده (۴) این آیین‌نامه اقدام نمایند.

ماده ۶- در صورتی که زوجه برای وصول مهریه به دادگاه صالح دادخواست تقدیم نماید هزینه دادرسی به میزان بهای خواسته براساس مهرالمسمی با زوجه است و در صورت صدور حکم به نفع وی، زوج علاوه بر پرداخت مهریه طبق ضوابط این آیین‌نامه مسؤول پرداخت هزینه دادرسی به مقدار مهرالمسمی و ابطال تمبر به میزان مابه‌التفاوت خواهد بود.

ماده ۷- در صورتی که زوج تقاضای صدور اجازه طلاق نماید دادگاه مکلف به‌تعیین تکلیف مهریه براساس این آیین‌نامه و برطبق ضوابط و مقررات جاری خواهدبود.

معاون اول رییس جمهور - حسن حب

شماره ۴۳۷۱/ت۱۹۵۵۷هـ ۱۳۷۷/۲/۱۵

تصویبنامه درخصوص ورود کالا از طریق بنادر آبادان، خرمشهر و چوئبده

وزارت امور اقتصادی و دارایی

هیأت وزیران در جلسه مورخ ۱۳۷۷/۱/۲۶ بنا به پیشنهاد شماره ۱۷۰۹ مورخ ۱۳۷۷/۱/۲۶ وزارت امور اقتصادی و دارایی و به استناد بند (ب) ماده (۲) قانون امور گمرکی -مصوب ۱۳۵۰- تصویب نمود:

ورود کالا از طریق بنادر آبادان، خرمشهر و چوئبده، تا پایان سال ۱۳۷۹ مشمول معافیت از سی‌درصد (۳۰٪) سود بازرگانی -موضوع تصویبنامه‌های شماره ۷۵۴۵۷/ت۵۴۹هـ مورخ ۱۳۷۰/۱۲/۲۸ و شماره ۱۲۸۶۴۰/۲۰/ت۱۷۱۴۶هـ مورخ ۱۳۷۵/۱۲/۲۸- می‌شود.

معاون اول رییس جمهور - حسن حبیبی

شماره ۱۰۲۳۳۷/ت۱۹۵۰۸هـ ۱۳۷۷/۲/۱۵

تصویبنامه راجع به لغو روادید مسافرت بین ایران و کشور ترکمنستان

وزارت امور خارجه

هیأت وزیران در جلسه مورخ ۱۳۷۷/۲/۱۳ بنا به پیشنهاد شماره ۵۴۰/۸۸۰۸ مورخ ۱۳۷۶/۱۲/۲۴ وزارت امور خارجه و به استناد تبصره (۴۳) قانون بودجه اصلاحی سال ۱۳۴۳ کل کشور، تصویب نمود:

روادید مسافرت بین ایران و کشور ترکمنستان از تاریخ ۱۳۷۷/۳/۱ لغو می‌شود.

معاون اول رییس جمهور - حسن حبیبی

شماره ۷۸۲۰/ت۱۶۰۹۳هـ ۱۳۷۷/۲/۱۵

وزارت فرهنگ و آموزش عالی - وزارت راه و ترابری - سازمان حفاظت محیط زیست ستاد کل نیروهای مسلح

هیأت وزیران در جلسه مورخ ۱۳۷۷/۲/۲ بنا به پیشنهاد شماره ۲۱۴۱۱/و مورخ ۱۳۷۴/۱۰/۱۱ وزارت فرهنگ و آموزش عالی و به استناد ماده (۲۲) قانون مناطق دریایی جمهوری اسلامی ایران در خلیج‌فارس و دریای عمان -مصوب ۱۳۷۲- آیین‌نامه نحوه انجام پژوهش‌ها و تحقیقات علمی در مناطق دریایی جمهوری اسلامی ایران در خلیج‌فارس و دریای عمان را به شرح زیر تصویب نمود:

Auszug aus einem Ehevertrag

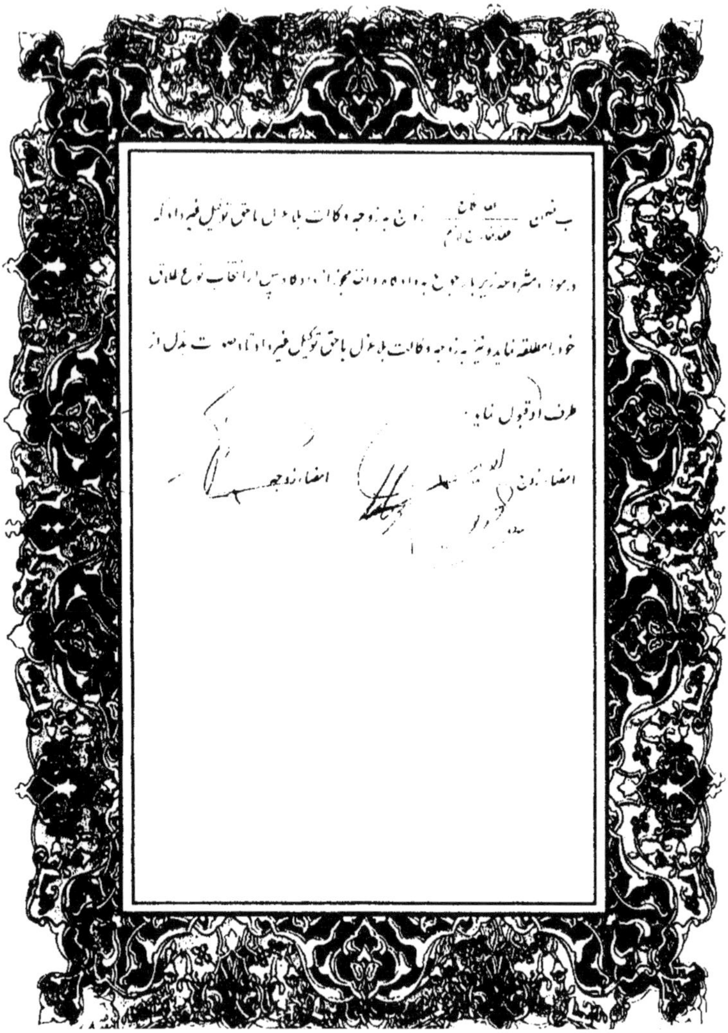
زوج به زوجه وکالت بلاعزل با حق توکیل غیر داد که

در موارد مشروحه زیر با رجوع به دادگاه و اخذ مجوز از دادگاه پس از انتخاب نوع طلاق

خود را مطلقه نماید و نیز به زوجه وکالت بلاعزل با حق توکیل غیر داد تا ... بذل از

طرف او قبول نماید.

امضاء زوج   امضاء زوجه

تذکر

سردفتر ازدواج مکلف است شرایط مذکور در این قباله را مورد به مورد به زوجین تفهیم و آن شرطی معتبر است که مورد توافق زوجین واقع و به امضاء آنها رسیده باشد.

شرایط ضمن عقد یا عقد خارج لازم

الف- ضمن عقد نکاح / خارج لازم زوجه شرط نمود هرگاه طلاق بنا به درخواست زوجه نباشد و طبق تشخیص دادگاه تقاضای طلاق ناشی از تخلف زن از وظایف همسری یا سوء اخلاق و رفتار وی نبوده زوج موظف است تا نصف دارائی موجود خود را که در ایام زناشوئی با او بدست آورده یا معادل آنرا طبق نظر دادگاه بلاعوض به زوجه منتقل نماید.

امضاء زوج　　　　امضاء زوجه

(صفحه ۸)

۳ ابتلاء زوج به امراض صعب العلاج به نحوی که دوام زناشویی برای زوجه مخاطره‌آمیز باشد.

امضاء زوج .... امضاء زوجه ....

۴ جنون زوج در مواردی که فسخ نکاح شرعاً ممکن نباشد.

امضاء زوج .... امضاء زوجه ....

۵ عدم رعایت دستور دادگاه در مورد منع اشتغال زوج به شغلی که طبق نظر دادگاه صالح منافی با مصالح خانوادگی و حیثیت زوجه باشد.

امضاء زوج .... امضاء زوجه ....

مواردی که زن میتواند به موجب مواد [illegible] تقاضای صدور اجازه طلاق نماید بشرح زیر است :

۱ - استنکاف شوهر از دادن نفقه زن بمدت ۶ ماه به هر عنوان و عدم امکان الزام او به تادیه نفقه و همچنین موردی که شوهر سایر حقوق واجبه زن را بمدت ۶ ماه وفا نکند و اجبار او به ایفاء ممکن نباشد

امضاء زوج　　　امضاء زوجه

۲ - سوء رفتار یا سوء معاشرت زوج بحدی که ادامه زندگی را برای زوجه غیر قابل تحمل نماید

امضاء زوج　　　امضاء زوجه

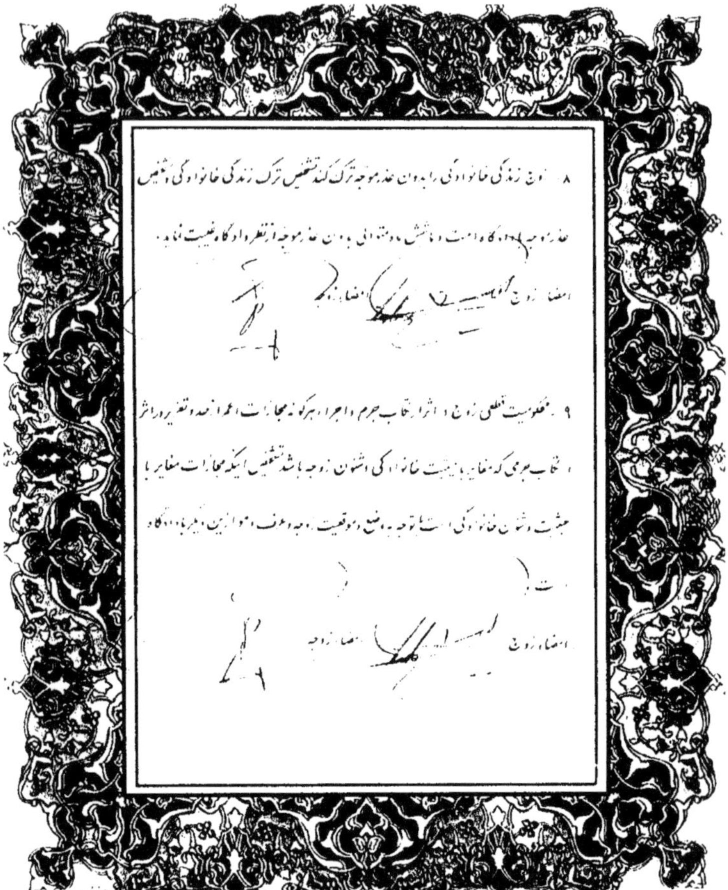

۸. ... زوج زندگی خانوادگی را بدون عذر موجه ترک کند تشخیص ترک زندگی خانوادگی و تشخیص
عذر موجه با دادگاه است و یا شش ماه متوالی بدون عذر موجه از نظر دادگاه غیبت نماید.

امضاء زوج ... امضاء زوجه

۹. محکومیت قطعی زوج در اثر ارتکاب جرم و اجرای هرگونه مجازات اعم از حد و تعزیر در اثر
ارتکاب جرمی که مغایر با حیثیت خانوادگی و شئون زوجه باشد تشخیص اینکه مجازات مغایر با
حیثیت و شئون خانوادگی است با توجه به وضع و موقعیت زوجه و عرف و موازین دیگر با دادگاه
است.

امضاء زوج ... امضاء زوجه

(تصویر ۱۴)

۶ محکومیت شوهر به حکم قطعی به مجازات ۵ سال حبس یا بیشتر یا به جزای نقدی که بر اثر عجز از پرداخت منجر به ۵ سال بازداشت شود یا به حبس و جزای نقدی که مجموعاً منتهی به ۵ سال یا بیشتر بازداشت شود و حکم مجازات در حال اجرا باشد

امضاء زوج .... امضاء زوجه ....

۷ ابتلاء زوج به هرگونه اعتیاد مضری که به تشخیص دادگاه به اساس زندگی خانوادگی خلل آورد و ادامه زندگی را برای زوجه دشوار باشد

امضاء زوج .... امضاء زوجه ....

صفحه ۱۲

سایر شرایط ندارد

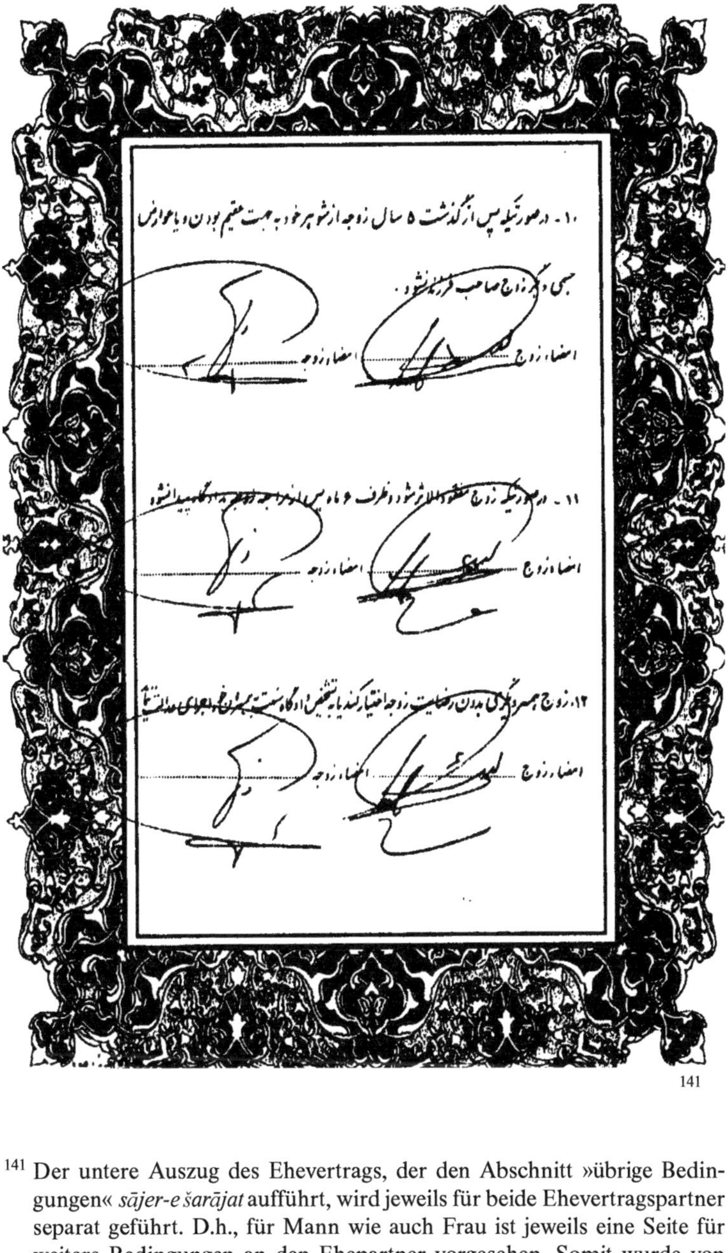

۱۰- درصورتیکه پس از گذشت ۵ سال زوجه از شوهر خود به جهت عقیم بودن و یا عوارض جسمی دیگر زوج صاحب فرزند نشود.

امضاء زوجه .... امضاء زوج ....

۱۱- درصورتیکه زوج مفقودالاثر شود و ظرف ۶ ماه پس از مراجعه زوجه به دادگاه پیدا نشود

امضاء زوجه .... امضاء زوج ....

۱۲- زوج همسر دیگری بدون رضایت زوجه اختیار کند یا به تشخیص دادگاه بین همسران خود به عدالت رفتار ننماید

امضاء زوجه .... امضاء زوج ....

141

141 Der untere Auszug des Ehevertrags, der den Abschnitt »übrige Bedingungen« *sājer-e šarājat* aufführt, wird jeweils für beide Ehevertragspartner separat geführt. D.h., für Mann wie auch Frau ist jeweils eine Seite für weitere Bedingungen an den Ehepartner vorgesehen. Somit wurde von der Abbildung der zweiten Seite abgesehen.

Literaturverzeichnis

Alizāde-Keramati, Marǧān: *wokalā wa sardaftarān migujand...* (Die Advokaten und Notare sagen...). In: *zanān* (Die Frauen). Hrsg. v. Šerkat, Šahlā. 6. Jg., Nr. 33, Teheran 21. März – 20. April 1997 (*farwardin 1376*).

Amtsblatt *(ruznāme-e rasmi):* Nr. 8785 vom 3. März 1975 (*12. esfand 1353*).

Amtsblatt *(ruznāme-e rasmi):* Nr. 13914 vom 10. Dezember 1992 (*19. āzar 1371*).

Amtsblatt *(ruznāme-e rasmi):* Nr. 2306 vom 28. Februar 1993 (*9. esfand 1371*).

Amtsblatt *(ruznāme-e rasmi):* Nr. 15497 vom 14. Mai 1998 (*24. ordibehešt 1377*).

Amtsblatt *(ruznāme-e rasmi):* Nr. 101737 vom 5. Mai 1998 (*15. ordibehešt 1377*).

Bergmann u. Ferid (Hrsg.): Internationales Ehe- und Kindschaftsrecht. Verlag für Standesamtswesen GmbH, 97. bis 110. Lieferung, Frankfurt a. M. 1989-1992.

Brockhaus die Enzyklopädie. In zwanzig Bänden. 20. Aufl., Bd. 10, Brockhaus Verlag, Leipzig – Mannheim 1996.

Brockhaus die Enzyklopädie. In zwanzig Bänden. 20. Aufl., Bd. 19, Brockhaus Verlag, Leipzig – Mannheim 1996.

Ajatollah Chomeini: Der islamische Staat. Übers. u. hrsg. v. Hassan, Nader u. Itscherenska, Ilse. Islamkundliche Materialien, Bd. 9, Klaus Schwarz Verlag, Berlin 1983.

The Constitution of the Islamic Republic of Iran 1979: With all amendments up to 1989. Islamic Consultative Assembly, International Department, Teheran.

Darwiši-Howejdā, Yusef: *mohāsebeje mahr be nerx-e ruz wa jek nazarije mašwarati* (Eine Berechnung der Morgengabe zum Tagespreis und eine beratende Ansicht). In: *hoġuġ-e zanān* (Die Rechte der Frauen). Hrsg. v. Gerāmizādegān, Ašraf. 3. Jg., Nr. 15, Teheran 20. April – 20. Mai 2000 (*ordibehešt/xordād 1379*).

Ebady, Shirin: History and Documentation of Human Rights in Iran. Bibliotheca Persica Press, New York 2000.

Ebrāhimi, Zahrā: *ǧost-o-ǧu dar parwande-je zanān-e namājande-je maǧles-e panǧom* (Die Untersuchung der Akten der weiblichen Abgeordneten des fünften Parlaments). In: *zanān* (Die Frauen). Hrsg. v. Šerkat, Šahlā. 8. Jg., Nr. 60, Teheran 21. Januar – 19. Februar 2000 (*bahman 1378*)

EBRĀHIMI, ZAHRĀ: *mosawwabāt-e mağles wa masā'el-e zanān* (Die bestätigten Gesetze des Parlaments und Frauenthemen-). In: *zanān* (Die Frauen). Hrsg. v. Šerkat, Šahlā. 8. Jg., Nr. 60, Teheran 21. Januar – 19. Februar 2000 (*bahman 1378*).

EBRĀHIMI, ZAHRĀ: *be dalil-e pardāxt na-kardan-e mahrije: 1000 mard dar zendān* (Aufgrund der Nichtzahlung der Morgengabe: 1000 Männer im Gefängnis). In: *zanān* (Die Frauen). Hrsg. v. Šerkat, Šahlā. 11. Jg., Nr. 87, Teheran 21. April – 21. Mai 2002 (*ordibehešt 1381*).

EBRĀHIMI, ZAHRĀ: *jek māh bā zanān dar mağles – hafte-je zan-e mağles, por kār wa por talāš* (Einen Monat mit den Frauen im Parlament – Die Woche der Frauen des Parlaments, voller Arbeit und voller Bemühung). In: *zanān* (Die Frauen). Hrsg. v. Šerkat, Šahlā. 11. Jg., Nr. 91, Teheran 23. August -20. September 2002 (*šahriwar 1381*).

ESKUHI, ŠAHIN: *dar surat-e taswib-e mağles, zanān az haġ-e talāġ barxordār xāhand šod* (Aufgrund eines Parlamentsbeschlusses werden Frauen das Recht auf Scheidung erlangen). In: *hoġuġ-e zanān* (Die Rechte der Frauen). Hrsg. v. Gerāmizādegān, Ašraf. 2. Jg., Nr. 14, Teheran 20. März – 19. April 2000 (*farwardin 1379*).

ESKUHI, ŠAHIN: *ta'jin-e mazādiġ-e osr o harağ barāje darxāst-e talāġ az suj-e zanān* (Die Bestimmung der Fallgruppe 'Härte und Bedrängnis« für den Gesuch der Scheidung von Seiten der Frauen). In: *hoġuġ-e zanān* (Die Rechte der Frauen). Hrsg. v. Gerāmizādegān, Ašraf. 3. Jg., Nr. 15, Teheran 20. April – 20. Juni 2000 (*ordibehešt/xordād 1379*).

FORSCHUNGSVEREIN FÜR FRAUENANGELEGENHEITEN ***entešārāt-e roušangarān wa motāla'āt-e** zanān* **– *goruh-e pažuhešgarān-e masā'el-e zanān*** (Hrsg.): *ān če dar bāreje hoġuġ-e ezdewāğ bājad bedānim* (Was wir über die Rechte in der Ehe wissen müssen). 1. Heft – *mahrije* (Die Morgengabe), Teheran 1996 (*1375*).

GANDJINE-WISOTZKI, NASRIN: Das iranische Kino der Gegenwart im Überblick. Hrsg. v. d. Kulturabteilung der Islamischen Republik Iran. Teil 1, 11. Jg., Spektrum Iran, Bonn 1998.

GESETZESSAMMLUNG (*mağma'e hoġuġi*): Hrsg. v. Gijāhi, Ahmad u. Āġel, Ebrāhim, Bd. 1, Teheran 2000 (*1379*).

GOLESTĀNI, EBRĀHIM: *touzih-i bar mādde wāhede elhāġ-e jek tabsere be mādde-e 1082-e ġānun-e madani* (Die Ergänzungserklärung eines Artikels durch eine Anmerkung zu Artikel 1082 des Zivilgesetzbuches). In: *hoġuġ-e zanān* (Die Rechte der Frauen). Hrsg. v. Gerāmizādegān, Ašraf. 3. Jg., Nr. 17, Teheran 22. August – 21. September 2000 (*šahriwar 1379*).

JUNKER, HEINRICH F. J. u. BOZORG ALAVI: Persisch – Deutsch Wörterbuch. 7. Aufl., Enzyklopädie Verlag, Leipzig 1992.

KĀR, MEHRANGIZ: *mahrije* (*barx-e awwal*) (Die Morgengabe, 1. Teil). In: *zanān* (Die Frauen). Hrsg. v. Šerkat, Šahlā. 6. Jg., Nr. 33, Teheran 21. März – 20. April 1997 (*farwardin 1376*).

Kār, Mehrangiz: *mahrije (barx-e dowwom)* (Die Morgengabe, 2. Teil). In: *zanān* (Die Frauen). Hrsg. v. Šerkat, Šahlā. 6. Jg., Nr. 34, Teheran 21. April – 21. Mai 1997 (*ordibehešt 1376*).

Madani, A.: Family Cases. Majd Publications, Tehran 1998.

Mehri, Homā: *mahr diruz-emruz* (Die Morgengabe heute – gestern). In: *hoġuġ-e zanān* (Die Rechte der Frauen). Hrsg. v. Gerāmizādegān, Ašraf. 1. Jg., Nr. 8, Teheran 20. Februar – 20. April 1999 (*esfand 1377/farwardin 1378*).

Mehri, Homā: *bar dāneš-e hoġuġi-je xod be-afzā'id – šart-e zemn-e aġd-e ezdewāğ mofid ammā nākāfi* – (Steigern Sie Ihr Wissen über Ihre Rechte – Die Vereinbarungen des Ehevertrages sind gut aber ungenügend -) In: *hoġuġ-e zanān* (Die Rechte der Frauen). Hrsg. v. Gerāmizādegān, Ašraf. 3. Jg., Nr. 15, Teheran 20. April – 20. Juni 2000 (*ordibehešt/xordād 1379*).

Nagel, Tilmann: Das islamische Recht: eine Einführung. WVA-Verlag, München 2001.

Ohne Verfasserangabe: Gemäßigter Mullah wird neuer iranischer Staatspräsident. In: FAZ. 26. Mai 1997.

Ohne Verfasserangabe: Eine Frau wird in Iran Vizepräsidentin. In: FAZ. 25. August 1997.

Ohne Verfasserangabe: *xātami dar bāreje zanān če migujad?* (Was sagt Khatami über Frauen?). In: *zanān* (Die Frauen). Hrsg. v. Šerkat, Šahlā. 6. Jg., Nr. 34, Teheran 21. April – 21. Mai 1997 (*ordibehešt 1376*).

Ohne Verfasserangabe: *porseš-hā-i bi pāsox-e mağalle-e zanān az āġā-je nāteġ-e nuri, nāmzad-e rijāsat ğomhuri* (Die unbeantworteten Fragen der Zeitschrift *zanān* an Herrn Nategh Nuri, Präsidentschaftskandidat). In: *zanān* (Die Frauen). Hrsg. v. Šerkat, Šahlā. 6. Jg., Nr. 34, Teheran 21. April – 21. Mai 1997 (*ordibehešt 1376*).

Ohne Verfasserangabe: *taswib-e moġaddad-e mazādiġ-e osr o harağ dar mağles* (Die wiederhergestellte Bestätigung der Fallgruppe 'Härte und Bedrängnis' im Parlament). In: *zanān* (Die Frauen). Hrsg. v. Šerkat, Šahlā. 9. Jg., Nr. 65, Teheran 21. Juni – 21. Juli 2000 (*tir 1379*).

Ohne Verfasserangabe: *mağma'e tašxis-e maslahat tarh-e ta'jin-e mawāred-e osr o harağ-e zanān-rā maskut gozāšt* (Der Feststellungsrat hat die Bestimmung des Gesetzentwurfes in Bezug auf die »Not und Bedrängnis« *osr o harağ* der Frauen vorerst ausgesetzt). In: *zanān* (Die Frauen). Hrsg. v. Šerkat, Šahlā. 10. Jg., Nr. 71, Teheran 23. Oktober – 21. November 2001 (*ābān 1380*), aus der Nachrichtenrubrik.

Ohne Verfasserangabe: *fa'ālijat-hā-je markaz-e omur-e mošārekat-e zanān pirāmun pišgiri wa mahw-e xošunat alej-he zanān* (Die Aktivitäten des »Handlungszentrums für die Partizipation von Frauen« zur Vermeidung, Vorbeugung und Vernichtung von Gewalt gegenüber Frauen). In: *hoġuġ-e zanān*. Hrsg. v. Gerāmizādegān, Ašraf. 4. Jg., Nr. 22, Teheran 21. April – 21. Juni 2002 (*odribehešt/xordād 1381*).

Paret, Rudi (Übers.): Der Koran. 7. Aufl., W. Kohlhammer Verlag, Stuttgart 1996.

Reissner, Johannes: Iran unter Khatami: Grenzen der Reformierbarkeit des politischen Systems. Stiftung Wissenschaft und Politik, Ebenhausen/Isar 1999.

Rieck, Andreas: Iran. In: Nahost 1997. Hrsg. v. Deutschen Orient-Institut (Koszinowski, Thomas u. Mattes, Hanspeter). Leske + Budrich Verlag, Opladen 1998-1999.

Sadr, Šādi: *tā waġt-i rijāsat-e xānewāde az ān šouhar ast... – negāh-i be nezām-e hākem bar hoġuġ-e zan dar xānewāde* – (Solange die Führung der Familie beim Ehemann liegt... – ein Blick auf die Ordnung des Regenten in Bezug auf die Rechte der Frau in der Familie -). In: *zanān* (Die Frauen). Hrsg. v. Šerkat, Šahlā. 10. Jg., Nr. 85, Teheran 20. Februar – 20. März 2002 (*esfand 1380*).

Sadr, Šādi: *negāhi be mosawwabāt-e mağma-e tašxis-e maslahat-e nezām dar bāre-je osr o harağ wa sen-e ezdewāğ – eslāhāt-e ġatre.čekāni dar ġawānin-e marbut be zanān* (Ein Blick auf die vom Feststellungsrat bestätigten Gesetze zum Thema »Härte und Bedrängnis« und dem »Heiratsalter« – Die tröpfelnden Reformen von Frauen betreffenden Gesetzen). In: *zanān* (Die Frauen). Hrsg. v. Šerkat, Šahlā. 11. Jg., Nr. 89, Teheran 22. Juni – 22. Juli 2002 (*tir 1381*), S. 22.

Sammlung von Gesetzen des dritten Parlaments (*mağma'e ġawānin-e mağles-e šourā-je eslāmi*): Bd. 3, *mağles-e šourā-je eslāmi* Verlag, Teheran Juni 1992 (*tir 1371*).

Šāhrokni, Nāzanin: *dar bāre-je taswib-e tarh-e mahāsebe-je mahrije be nerx-e ruz kāršenāsān wa hoġuġdānān če migujand?* (Was sagen die Sachverständigen und Juristen über die Genehmigung des Berechnungsentwurfs der Morgengabe zum Tagespreis?). In: *zanān* (Die Frauen). Hrsg. v. Šerkat, Šahlā. 6. Jg., Nr. 33, Teheran 21. März – 20. April 1997 (*farwardin 1376*)

Shirazi, Asghar: Die Widersprüche in der Verfassung der Islamischen Republik: vor dem Hintergrund der politischen Auseinandersetzung im nachrevolutionären Iran. (Ethnizität und Gesellschaft, Occasional Papers, 32), Das Arabische Buch Verlag, Berlin 1992.

Steinbach, Udo: Iran. In: Der Islam in der Gegenwart. (Hrsg. v.): Ende, Werner u. Steinbach, Udo). 4. Aufl., C. H. Beck Verlag, München 1996.

Tellenbach, Silvia (Übers. u. Einl.): Strafgesetze der islamischen Republik Iran. In: Sammlung außerdeutscher Strafgesetzbücher 106. Hrsg. v. Max-Planck-Institut, Walter de Gruyter Verlag, Berlin 1996.

Yassari, Nadjma: Überblick über das iranische Scheidungsrecht. In: FamRZ 2002, Heft 16.

Zivilgesetzbuch (*ġānun-e madani*): Bearb. v. Ğahāngir, Mansur, 6. Aufl., Teheran i. d. F. v. 2000 (*1379*).

Zivilgesetzbuch (*ġānun-e madani*): Bearb. v. Ğahāngir, Mansur. 11. Aufl., Teheran i. d. F. v. 2002 (*1381*).

Talāġ – Scheidung in Teheran: Iranische Frauen klagen ihre Männer an. Ein Film von Kim Longinotto und Ziba Mir-Hosseini aus dem Jahr 2000.

Internetadressen:

www.arash.de/gesch/text/Irangeschi7a.htm#Agha
www.nadir.org/nadir/periodika/jungleworld/2001/25/21b.htm